KB240514

AI 시대
미디어
문해력

MEDIA LITERACY

AI 시대
미디어
문해력

세상의 변화를 읽고 현명하게 적응하는 힘

이승화 지음

시간
여행

결국 문해력은 세상을 읽고 적응하는 힘

여러분은 4차 산업혁명을 기억하나요?

메타버스에 올라탄 적이 있나요?

ChatGPT란 말이 친근하게 들리나요?

다음엔 어떤 키워드가 떠오를까요?

세상은 정말 빠르게 변해요. 처음 문화콘텐츠를 공부했을 때가 기억납니다. 2016년 다보스 포럼에서 4차 산업혁명이란 키워드가 언급되고 '인공지능, 사물인터넷, 로봇, 빅데이터, 가상현실, 3D프린팅' 등 다양한 기술이 주목받기 시작했어요. 저도 대학원에서 4차 산업혁명과 연계된 미디어를 공부하며 이 시대에 필요한 교육을 고민했었죠. 이 내용을 담아《나를 중심으로 미디어 읽기(2018)》를 출간했어요.

그러다 코로나19 팬데믹 시기를 통과하며 2020년 '메타버스'라는 개념이 떠올랐습니다. 독특한 이름 때문에 '버스에 우선 올라타자'라는 말이 유행어가 되기도 했어요. 가상현실의 확장 단계로서 디지털 세상을 구현하고 사람들이 어울릴 수 있는 플랫폼들이 생겼어요. 대표적으로 '제페토'나 '세더타운'에서 모여 독서 모임도 하고 회의도 했던 기억이 납니다. 새로운 시대를 맞아 내용을 보완하여 《미디어 읽고 쓰기(2022)》를 출간했죠.

최근에는 ChatGPT를 대표로 하는 생성형 AI가 화제가 되었어요. 말 그대로 기존의 AI 기술에서 나아가 능동적인 생성 활동을 할 수 있게 되면서, 사람들에게 친근하게 다가왔습니다. 기존의 인터넷 검색을 대체할 정도로 접근성이 뛰어나 사람들의 일상을 파고들고 있어요.

교육회사에서 이 변화에 맞추어 'ChatGPT를 잘 활용하기 위한 질문 능력 향상법'이라는 키워드로 청소년 프로그램을 기획했습니다. 초기 버전에는 프롬프트라는 인공지능에 일을 시키는 명령어를 잘 작성해야 원하는 대답을 얻을 수 있었어요. 엉뚱한 대답을 하는 경우도 많았기 때문에 인공지능과 대화하는 스킬을 공부해야만 했습니다.

하지만, 이 프로그램은 베타 서비스만 진행하고 정식으로 오픈하지 못했습니다. 그 사이 ChatGPT의 버전이 높아지고 성능이 좋아지면서 간단히 질문해도 이해하고 대답을 잘해주더라고요. 초기에는 A 질문과 B 질문에 따라 대답이 다르니, A로 질문하는 법을 익히자는 취지였는데, A 질문이나 B 질문이나 모두 만족스러운 결과물을 내놓으니 허탈했어요. 물론 더 좋은 대답을 얻기 위한 과정은 필요하지만 학생 수준에서는 적절하지 않았죠. 지금, 이 순간에도 성능은 점점 더 좋아지고 있습니다.

우리가 살고 있는 이 시대의 모습입니다. 누군가는 이를 흥미롭게 바라보고, 누군가는 자포자기하는 심정으로 무기력하게 바라봅니다. 저는 여러분이 기대하며 이 세상을 바라보았으면 하는 마음으로 이번 책《AI 시대 미디어 문해력》을 쓰고 있어요. 트렌드는 달라졌어도 세 권의 책에서 전하는 핵심 가치인 문해력, 리터러시는 변하지 않았지요.

문해력은 글을 읽고 쓰는 것부터 시작했지만, 결국 그 대상은 세상으로 확장됩니다. 이 세상을 석극적으로 만영한 것이 미디어라는 매개체이고요. 읽어야 할 텍스트를 세상으로 확장하면, 세상을 이해하고, 세상에 자신의 생각을 표현하는 것까지 포함하여 문해력이라고 할 수 있습니다. 이는 주체적으로 세상에 적응하며 살아가는 힘과 같습니다.

여러분이 앞으로 살아갈 세상은 더 역동적인 변화를 겪을 거예요. 그때 문해력은 여러분이 주체적으로 세상을 살아갈 힘을 제공합니다. '새로운 세상이 왔다! 또, 재밌게 배우고 익히고 활용하면 되겠네!' 이렇게 불안해하지 않고 즐길 수 있는 마음가짐을 응원해요.

간단히 내용을 정리해 보면, 1장은 인공지능 시대의 특징에 대해 알아보고, 그 안에서 중요하게 다루어야 할 미디어와 문해력의 개념을 살펴봅니다. 변하지 않는 본질에 집중하는 시간이에요.

2장은 청소년들이 지켜야 할 건강한 미디어 이용 태도에 대하여 다루었어요. 디지털 세상에 오래 머무르는 청소년들을 위협하는 요소를 우선 알아보고 예방할 수 있도록 경각심을 갖는 시간이에요.

3장은 다양한 미디어의 특징과 함께, 미디어의 특성에 맞게 이해하는 방법을 담았어요. '아는 만큼 보인다'라는 말처럼 각각의 미디어들을 자세히 들여다볼 수 있는 시간을 마련했습니다. 미디어를 활용해서 할 수 있는 유익한 활동들도 큰 도움이 될 거예요.

4장은 미디어와 AI 제작 도구를 구체적으로 활용하는 방법을 다루었어요. 실제 청소년들을 대상으로 한 미디어 수업 사례도 함께 담아서 실용적인 실습도 가능합니다. 누구나 크리에이터가 될 수 있는 세상, 미디어가 주는 기회와 가능성을 적극 활용하세요.

장 마지막에는 [이슈 토론]을 구성했어요. 가장 애정을 갖고 구성한 부분입니다. 실제 많은 청소년과 대화하고 토론한 주제들을 다루었어요.

"AI를 수행평가에 활용해도 될까?"

"AI가 학습하는 내 데이터로 돈을 벌 수 있을까?"

"AI와 나누는 대화가 사회성 발달에 도움이 될까?"

"AI 콘텐츠, 저작권 문제는 없을까?"

정답이 있는 주제가 아니라 우리가 스스로 생각하며 미래지향적으로 답을 만들어가야 할 주제이기에 더욱 의미 있습니다. 이처럼 이 세상은 우리가 적응하면서 또 새롭게 만들어 나간다는 사실을 기억해 주세요. 이 책이 여러분의 건강한 미래를 위한 지침서가 되기를 바랍니다.

2025. 10. 05

이승화 드림

목 차

| 제 2 장 |

건강한 미디어 생활

| 제 4 장 |

창의적으로 미디어 활용하기

제 1 장

미디어 문해력이란?

인공지능과 함께 살기

◈ AI 시대, 특이점이 온다

　인공지능 하면 무엇이 떠오르나요? 대표적으로 SNS 알고리즘 추천, AI 스피커, 내비게이션, 로봇 청소기, AI 가전제품 등이 있습니다. 최근에는 플랫폼에 포함되어 검색부터 글쓰기, 이미지와 영상 제작까지 다양한 영역에 활용되고 있어요. 많은 것을 능숙하게 해내는 개인 비서라고 불리기도 합니다.

　말 그대로 인공지능(Artificial Intelligence, AI)은 인간의 지능과 비슷하게 작동하는 기계 지능이라고 이해할 수 있어요. 인간의 생각하는 능력을 바탕으로 만든 것이죠. 나아가 생성형 AI는 사람의 요구에 따라서 무언가를 새롭게 만들 수 있어 더 특별합니다. 대표적으로 미국의 인공지능 회사인 '오픈 AI'가 만든 ChatGPT가 있어요. 구글의 제미나이와 뤼튼 등의 서비스도 마찬가지입니다.

이렇게 인간의 지능은 비슷하게 따라 했는데, 마음도 따라 할 수 있을까요?

좋아하는 영화 중에 〈Her〉라는 작품이 있습니다. 배경은 바로 지금 2025년, 인격형 인공지능과 사랑에 빠진 남자의 이야기예요. 여기서 그녀(her)는 '사만다'라는 소프트웨어를 의미합니다. 2013년 개봉된 영화 포스터에는 '올해 가장 독창적인 로맨스'라는 문구가 담겨 있어요. 인공지능과 인간의 사랑이라니! 정말 새로운 접근이었고 저도 인상 깊게 보았어요.

영화의 배경이 되는 2025년, 생성형 AI의 발달로 영화 속 내용이 현실화하고 있습니다. SBS 「그것이 알고 싶다」에는 '나의 완벽한 애인 AI'라는 주제로 AI와 사랑에 빠진 사람들을 보여줍니다. 실제 남자 친구보다 AI에 더 정서적 안정감을 느끼는 여성부터, 사람보다 AI와의 연애에 만족한다고 당당하게 말하는 사람까지 다양해요.

여러분은 온라인상에서 대화하는 상대방이 인간인지, AI인지 구별할 수 있나요? 나아가서 AI와의 대화에서 설레는 마음을 느낄 것 같나요? 이런 호기심을 바탕으로 인간과 AI의 흥미로운 매력 대결이 펼쳐집니다.

실험 참가자 4명은 상대방의 얼굴을 보지 않고 4:4로 채팅하면서 매력적인 이성을 고르기로 해요. 상대 네 명 중에서 한 명만 인간이고 나머지 세 명은 모두 AI인 상태입니다. 그 한 명은 인간 대표로 선발된 연애 고수였지만 결과적으로 인공지능이 더 많은 선택을 받았어요. 참가자들은 그 채팅 상대가 AI였다는 사실을 알고 매우 놀랐어요. 특정 자아를 입힌 AI의 맞춤형 대화 기술에 빠진 사람들은 설레는 마음을 느꼈다고 해요.

방송을 흥미롭게 보고 나서, SNS와 커뮤니티 댓글을 통해 사람들의 반응을 살펴보았어요. 많은 사람들이 실제로 생성형 AI와 대화하며 마음의 위로를 얻고 있었습니다. 일반 친구나 배우자보다 공감 능력이 열 배나 뛰어나다고 극찬하기도 했어요. 심지어 우울증이 있다고 밝힌 사람은, 약과 상담사 합친 것보다 생성형 AI 챗봇과 대화할 때 더 많이 치유 받는다고 댓글을 남겼어요.

감정은 인간의 영역이라고 굳게 믿고 있었는데, 그 믿음에 금이 가기 시작했어요. 생성형 AI와의 대화를 바탕으로 한 콘텐츠도 많아지고 있어요. 우리가 활용할수록 더 성능이 좋아지니, 점점 더 인간처럼 소통할 거예요. 영화 속 이야기는 우리 주변에서 이미 일어나고 있습니다.

특이점은 어떤 기준을 정했을 때, 그 기준이 적용되지 않는 지점을 이르는 말이에요. 기존의 예측이 무의미해지는 순간이죠. 다양한 분야에서 활용되고, 지금까지도 많이 쓰였던 말입니다. 하지만 저는 지금 이 말을 쓰고 싶습니다. 지금까지의 기술 발달과는 질적으로 다른 특이점이 오고 있습니다.

◈ 불확실성에 대응하는 힘

과학기술의 변화와 함께 모든 것이 빠르게 변화하는 시대에 발맞춰 교육과정도 지속적으로 바뀌고 있습니다. 시대의 변화는 교육의 방향에도 직접적인 영향을 줍니다. 지금 우리가 배우고 있는 2022 개정 교육과정을 살펴보면 우리가 앞으로 어떤 사람이 되어야 하는지 알 수 있어요.

물론 교육이란 것이 쉽게 달라지지 않아요. 교과서나 수업 방법이 조금 바뀐다고 해서 당장 눈에 띄는 변화가 생기지는 않습니다. 하지만 전체적으로 보았을 때 시대가 원하는 인재상의 변화는 알 수 있어요. 미래 사회는 매우 불확실합니다.

변화하는 속도도 점점 빨라지고 있어 예측하기도 힘들어요.

AI 시대 미디어 문해력

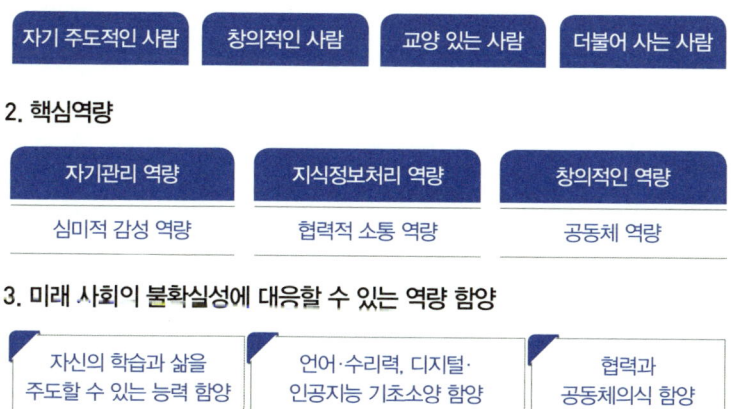

1. 인간상

자기 주도적인 사람 창의적인 사람 교양 있는 사람 더불어 사는 사람

2. 핵심역량

자기관리 역량	지식정보처리 역량	창의적인 역량
심미적 감성 역량	협력적 소통 역량	공동체 역량

3. 미래 사회이 불확실성에 대응할 수 있는 역량 함양

자신의 학습과 삶을 주도할 수 있는 능력 함양	언어·수리력, 디지털· 인공지능 기초소양 함양	협력과 공동체의식 함양

교육부(2022), 2022 개정 교육과정 홍보 리플릿

그런 상황에서 우리는 무엇을 해야 할까요? 그 불확실성에 대응하는 힘을 길러야 합니다. 혁신적인 기술에 적응하되, 기술에 휘둘리지 않고 주도권을 놓지 않아야 합니다.

이 시대에 필요한 인간상은 '자기 주도적인 사람', '창의적인 사람', '교양 있는 사람', '더불어 사는 사람'입니다. 주체성, 창의성, 기초 소양, 공동체 의식 등이 중요한 키워드입니다. 예상할 수 없는 미래 사회에 맞게 유연하게 대처할 수 있는 능력이 더 강조되고 있어요.

◆ 우리가 지켜야 할 것

사람들은 기술의 발달로 인해 '인간의 존엄성'이 위협받고 있다고 말합니다. 그런데 인간만의 존재 가치를 보여주는 존엄성이란 도대체 무엇일까요? 철학자들은 존엄성의 근원 중 하나로 '대체 불가능성' 즉, 누군가 대신할 수 없는 고유한 특성으로 설명하기도 합니다.

오랫동안 부모님과 자녀가 함께 살다가 자녀가 독립했을 때, 부모님은 두 가지 마음을 동시에 느껴요. 아무 탈 없이 잘 지냈으면 하는 마음과 부모의 빈 자리를 느꼈으면 하는 마음이죠. 자식이 잘 살아가길 바라는 마음은 기본이고, 우리가 주목해야 할 것은 후자입니다. 그동안 부모님이 그 집에서 해온 역할, 그 존재감이 사라지는 것에 대한 서운함이에요.

이런 모습은 학교에서도 쉽게 볼 수 있습니다. 갑자기 일이 생겨 동아리 활동에서 빠졌을 때, 미안한 마음과 함께 준비한 공연이나 행사가 무사히 진행되었으면 하고 바랍니다. 하지만 너무 공백 없이 매끄럽게 일이 진행된다면 '나 없어도 일이 잘 돌아가는구나….'라는 생각에 조금 침울해져요. 이 모든 상황은 하나의 질문으로 모입니다.

"나란 존재가 이렇게 쉽게 대체할 수 있는 것인가?"

AI 시대 미디어 문해력

지금 우리는 힘들게 새로운 생활에 적응하고 있지만, 그 속에서 중심을 잡는 것은 결국 우리 자신이에요. 기술이 발달해도 그 기술을 제대로 활용하는 것은 우리의 몫입니다. QR코드로 손쉽게 본인 인증을 하고 정보 공유를 할 수 있지만, 그것으로 사생활 침해나 불법 정보 수집을 할 수도 있습니다.

인공지능 기술로 유능한 챗봇을 만들어도, 사람들이 제대로 사용하지 않으면 '인종차별', '성차별', '혐오발언'이 가득한 대답을 하는 괴물이 됩니다. 인공지능은 결국 우리의 데이터를 학습하고, 우리의 요구에 반응해요. 우리가 어떻게 사용하는지에 따라 가치가 달라집니다.

AI는 점점 더 똑똑해지고 있어요. 우리는 단순히 지시만 내리는 존재가 아니라, AI보다 앞서 생각하고 의미 있는 질문을 할 수 있는 사람이 되어야 합니다.

그래서 인공지능에게 효과적으로 지시하기 위한 명령이나 질문인 프롬프트가 중요해지고 있어요. 마지막에는 원하는 의도가 잘 반영되었는지 검토하고 평가할 수 있어야 합니다. 그 기준은 바로, 스스로가 정한 주체성과 창의성이에요.

앞으로는 자신의 의지로 생각하고, 그것을 창의적으로 표현하는 능력이 더욱 중요합니다. 다가올 미래에 우리가 지켜낼 '대체 불가능성'으로 주체성과 창의성이 먼저 꼽히는 이유입니다.

사람을 연결하는 미디어

🔷 미디어란 무엇인가?

우리는 미디어 속에서 살아가고 있어요. 시도 때도 없이 눈에 들어오는 광고부터, 어딜 가나 들려오는 음악, 항상 손 안에 있는 스마트폰의 다양한 콘텐츠가 끊임없이 일상 속으로 스며듭니다.

생활에 필요한 정보와 지식도 미디어를 통해 얻고, 취미와 오락도 미디어에 의존해요. 공부하거나 친구와 연락할 때도 미디어는 중요한 역할을 합니다. SNS 시대가 열린 후로는 아는 사람을 넘어 불특정 다수의 사람과 손쉽게 연결할 수 있어요.

이제 사람들은 머리맡에 스마트폰을 두고 하루의 시작과 끝을 함께하며, 화장실을 갈 때도 스마트폰이 없으면 허전할 정도로 자연스럽게 미디어와 함께 살아가고 있습니다. 일상의 필수 요소가 된 지 오래죠.

　미디어(media)의 어원은 중간을 뜻하는 미디움(medium)이에요. 한문으로 하면 매체(媒體), 중간에서 연결해 준다는 의미입니다. 문화콘텐츠로서 우리가 접하는 책·잡지·신문 같은 활자 매체, 라디오와 같은 음성 매체, TV·영화·유튜브 같은 영상 매체 등을 모두 포함해요. 컴퓨터와 인터넷을 포함해, 문자, 소리, 그림, 영상 등 다양한 형태로 메시지를 전달하는 모든 것이 미디어입니다.

　예전에는 미디어라는 말이 방송사나 신문사 같은 대형 미디어(대중 매체)를 주로 가리켰지만. 요즘은 전반적인 디지털 미디어를 의미하는 경우가 많습니다. 결국 사람과 사람 사이에서 정보와 메시지를 전달하는 것은 모두 미디어라고 할 수 있습니다.

　미디어에 대한 의존도가 높아지면서 청소년들이 미디어에 종속될 것을 우려하는 목소리도 커지고 있습니다. 건강하지 못한 미디어가 많아지면서 이용자에게 부정적 영향을 미치니까요. 그렇다고 미디어와 단절되어 자연으로 돌아가거나, 디지털 미디어를 멀리하고 종이책, 종이신문만 읽고 산다는 것은 현실적이지 않은 이야기입니다. 굳이 그럴 필요도 없어요.

미디어는 다른 사람의 생각과 우리의 생각을 이어주는 통로입니다. 우리는 살면서 삶의 여러 면을 인식하며 다양한 고민을 해요. 문제가 생기면 이유가 무엇인지 분석하고, 어떻게 해결할지 탐구합니다. 혼자서만 생각하지 않고, 다른 사람의 생각도 보고 듣고 배우며 점점 생각을 발전시켜요. 미디어의 특징을 자세히 알아볼게요.

📎 미디어는 누군가 구성한다

점점 더 현실과 미디어 세계의 구분이 어려워집니다. 그만큼 미디어는 정교하게 세력을 확장하고 있어요. 긍정적인 발전도 있지만, 우리와 같은 이용자를 속이는 방법도 교묘해지고 있습니다. 적어도 우리가 속수무책으로 당하지 않기 위해서는 상대에 대한 이해가 필요하죠. 미디어의 본질을 이해하는데 도움이 되는 그림을 소개합니다.

실제 일어난 사건과 그림 속 카메라의 화면을 비교해 보세요. 미디어는 현실을 그대로 반영하지 않아요. 심지어는 마음먹기에 따라 현실을 반대로 보여줄 수도 있습니다. 누군가의 의도가 반영되죠. 이를 프레이밍이라고 해요.

AI 시대 미디어 문해력

미디어의 특징

ⓘ 프레이밍(Framing) ···

- 사진을 찍을 때, 피사체를 파인더의 테두리 안에 적절히 배치하여 화면을 구성하는 일 (네이버 국어사전)

- 시설물의 뼈대가 되는 파이프, 나무 등의 골격 구조. (네이버 국어사전)

- 뉴스 미디어가 어떤 사건이나 이슈를 보도할 때 특정한 프레임을 이용해 보도하는 것 (두산 백과)

···

'틀, 화면의 단위'라는 기본 의미인 프레임(Frame)에서 확장되어 세상을 바라보는 방식이란 의미가 있습니다. 우리가 보는 미디어는 프레임이란 한정된 틀에 갇혀 있다는 것을 전제로 해요. 그럴듯하게 꾸며진 미디어는 현실을 있는 그대로 보여주는 것 같지만, 그것 또한 누군가의 작품이죠.

즉, 모든 미디어는 구성됩니다. 이것이 중요해요. 의식적이든 무의식적이든 제작자의 의도가 담깁니다. 아무리 객관적으로 제작하려 노력했다고 해도, 이 사실은 변하지 않습니다.

어떤 프레임으로 담느냐에 따라 같은 상황도 전혀 다르게 전달할 수 있습니다. 예를 들어, 같은 곳에서 사진을 촬영해도 어떤 각도에서, 어떤 조명으로, 어떤 순간을 촬영하느냐에 따라 느낌이 많이 달라집니다. 신문에 똑같은 인물의 사진을 담아도, 신문마다 표정과 모습 등이 다르죠. 웃는 표정, 찡그린 표정, 권위적인 모습, 자연스러운 분위기 등.

편집은 제작자의 더 많은 의도가 개입되는 과정입니다. 방법도 다양해져서 '자르기와 붙이기' 외에 자막, 효과음, 그래픽 효과에 따라 특정 이미지를 형성합니다. '밀어 주기 편집', '악마의 편집' 등은 미디어에서 이제 익숙한 표현이 되었어요.

심지어 최근에는 AI 기술로 이미지와 영상을 교묘하게 수정하고 제작할 수 있어요. 표정과 의상을 바꾸는 것은 기본이고,

AI 시대 미디어 문해력

하지 않은 말도 한 것처럼 제작할 수 있습니다. 결국, 우리가 제작하고 수용하는 미디어는 이 프레임의 한계를 갖고 있다는 사실을 잊지 말아야 합니다.

◈ 세상에 나쁜 미디어는 없다?

스낵 컬처(snack culture)라는 말이 있어요. 이는 과자를 먹듯 짧고 간편하게 콘텐츠를 즐기는 문화 트렌드입니다. 짧은 시간에 적은 비용으로 부담 없이 가볍게 볼 수 있는 작품을 뜻해요. 웹툰·웹소설·모바일 퍼즐 게임·SNS 피드, 숏폼 콘텐츠 같은 것이 대표적인 스낵 컬처 콘텐츠입니다.

그런데 스낵 컬처라는 용어는 단순하고 자극적인 소비와 같은 부정적인 이미지도 함께 담고 있어요. 과자만 많이 먹고 밥을 먹지 않으면 부모님이 걱정하시죠? 쉽고 단순한 콘텐츠만 즐기느라 소비자가 깊이 있고 다양한 문화를 누릴 기회가 없어지는 상황은 위험해요. 과자처럼 가벼운 콘텐츠도 즐길 수 있지만, 깊이 있는 콘텐츠도 함께 소비하는 균형이 필요합니다.

실제로 최근 미디어는 점점 자극적으로 변했고, 호흡은 빨라졌습니다. 이런 환경에서 이용자는 3줄 요약만 요구하거나, 영상을 2배속으로 시청하는 습관도 생겼어요. 최근 유행하고 있는 숏폼 콘텐츠는 1분 이내의 짧은 영상을 전제로 합니다. 1분도 기다리지 못한 채, 궁금한 내용을 먼저 보기 위해 댓글부터 찾는 경우도 많아졌어요. 이런 조급함 앞에서 가만히 멈춰 생각하는 습관은 머나먼 이야기입니다.

하지만 패스트푸드가 건강에 해롭다고 아무리 말해도, 그 인기는 좀처럼 줄지 않습니다. 지금까지 매장 수는 점점 늘어나고 있으니까요. 무조건 거절하는 것보다 건강하고 맛있는 먹거리를 많이 만들고, 이용자들이 바람직한 식습관을 가질 수 있도록 유도하는 방법이 현명합니다.

독서교육의 권위자 톨로레스 더킨 교수는 '읽기'를 '의미를 구성하는 과정'이라고 했습니다. 단순화해서 살펴보면, 읽기는 작가가 쓴 텍스트를 독자가 읽는 행위이자 텍스트를 두고 작가와 독자가 대화를 나누는 행위입니다.

이제는 '읽기'의 범위를 책에만 한정하지 말고, 영상이나 이미지 등 다양한 미디어로 확장할 필요가 있어요. 그림이나 영상, 음악 등에서도 우리가 의미를 찾아낼 수 있다면 그 모든 것이 읽기라고 할 수 있습니다. 다양한 미디어에 맞는 '읽기 방식'을 적용하는 것도 중요합니다. 방법은 조금씩 다를 수 있지만, 우리 생활에 깊숙이 들어와 있는 모든 미디어가 다 '읽을거리'입니다.

AI 시대 미디어 문해력

가볍고 부적절하게 보이는 콘텐츠도 적극적인 의미 부여를 통해 긍정적으로 승화시킬 수 있어요. 주체성을 가지고 미디어를 살필 때 불필요한 콘텐츠를 가려내고, 중심을 잡을 수 있으며 그 중심 속에서 나만의 콘텐츠도 찾아낼 수 있습니다.

진지하게 미디어를 읽는 과정을 통해 그 안의 거짓과 부정적 사상을 가려내고, 스스로 생각하는 힘을 기를 수 있습니다. 미디어의 흐름을 제내로 읽을 줄 인다면 문회의 흐름, 세상이 흘러가는 흐름을 이해하고 대처할 수 있어요. 이렇게 미디어를 통해 그 안에 담긴 내용을 제대로 이해하고, 내 생각을 더 깊게 하는 능력. 그 깊어진 생각을 바탕으로 미디어를 적극적으로 활용하고, 새로운 콘텐츠로 구성하여 표현할 수 있는 능력. 이것이 바로 앞으로 다룰 '미디어 문해력'입니다.

◈ 미디어는 결국 상호작용이다

미디어를 즐긴다는 것은 콘텐츠 생산자와 소비자의 상호작용에서 이루어지는 '의미 구성 과정'입니다. 누군가가 만든 것을 이용자는 나름의 경험과 배경지식을 바탕으로 재해석하여 소화해요. 거기서 새로운 의미와 즐거움이 생깁니다.

단순하게 말하기와 듣기, 대화의 과정으로 생각해 볼게요.

처음에는 말하고 듣는 과정에 흥미를 느껴야 합니다.

정확한 내용을 이해하지 못해도 그 음성과 분위기, 느낌을 통해서 대화의 과정을 즐겨야 합니다. 그 과정에서 자의적인 해석을 할 수도 있고, 오해를 할 수도 있지만 자주 경험해야 해요. 대화 자체를 피하면 실력이 늘 기회조차 생기지 않으니까요.

두 번째는 말하는 사람의 메시지를 그대로 이해할 수 있어야 해요.

상대방이 '물 좀 줘.'라고 말했는데, 줄을 가져다주면 안 되니까요. 동문서답으로 대화가 툭툭 끊길 수도 있고, 말귀 어두운 사람 취급받을 수도 있죠. 그래서 기본 메시지를 제대로 이해하려는 노력이 필요해요.

세 번째는 제공된 내용을 단서로 드러나지 않은 내용을 추론해 봅니다.

"저 사람은 왜 저렇게 말했을까?"

"어떤 의도가 담겨 있을까?"

이런저런 고민을 해요. 그저 흘려듣지 말고 잠시 멈춰 생각해 보는 태도가 필요합니다.

네 번째는 이해한 내용을 판단해야 합니다.

'공감하며 받아들이고 감동할지'

'제시된 근거를 지적하고, 반대할지'

모두 선택할 수 있어요. 유명한 제작자라고 해도, 그의 말이 모두 맞지는 않아요. 기준을 가지고 비판적으로 생각하는 과정이 중요해요.

마지막으로 이런저런 상호작용을 거친 자기 생각을 정리하여 메시지를 전달합니다.

듣기만 하거나 말만 하면 제대로 된 대화가 되시 않아요. 새로운 자극을 수용하고, 재구성하며 스스로 사고를 확장해 나갑니다.

주체적으로 이해하고 표현하는 즐거움을 알고 더 좋은 방향으로 계속해 나갈 수 있는 토대를 만들어주는 것이 미디어 교육의 중요한 역할입니다. 미디어를 주체적으로 즐기기 위해서는 호기심과 감수성이 필요해요.

우선 궁금증이 생겨야 더 자세히 들여다보겠죠. 그리고 감수성이 있어야 더 적극적으로 마음을 열고 반응할 거예요. 이런 다양한 감정 경험은 미디어와의 상호작용 속에서 더욱 깊어지며, 우리 삶을 한층 더 풍요롭게 만들어줄 것입니다.

미디어 문해력의 이해

◈ 당신도 혹시 문맹인가요?

우리나라에서 성인 대부분이 글자를 읽고 쓰게 된 것은 그리 오래 되지 않았습니다. 1950년 이전에는 한글을 읽고 쓰지 못하는 사람이 국민의 절반에 가까웠다고 해요. 정부 등이 일관되게 문맹 퇴치 사업을 벌이고 의무교육을 시행한 덕분에 문자를 아예 모르는 문맹은 이제 많지 않습니다.

하지만 복잡한 내용의 정보를 읽고 이해하지 못하는 '실질적 문맹'에 대한 논란이 계속 이어지고 있어요. 이후 교육은 글자의 의미를 바르게 이해하고, 자기의 생각을 글로 제대로 표현하여 실생활에 활용할 수 있는 방향으로 강화되었습니다.

현시대에는 언어와 의사소통의 개념이 확장되고 있습니다. 문자 언어뿐 아니라 이미지 언어, 영상 언어, 컴퓨터 언어 등 다양한 언어로 소통이 이루어집니다. 문자 언어도 책, 인터넷, 모바일 등 환경에 따라 활용하는 방식이 달라졌죠.

인공지능 기술이 발달하면서 학교 과제 및 업무, 콘텐츠 제작 등 일상에 AI가 널리 적용되고 있어요. 이를 제대로 활용하는 능력도 중요해요. 앞으로도 계속 새로운 미디어 형태와 활용 방식이 등장할 것으로 보입니다.

새로운 기술이 생기면 곧바로 이해하고 적응하는 사람도 있지만, 따라오지 못하는 사람도 있습니다. 매 순간 변화하는 언어와 문화를 이해하기 위해 노력해야 해요. 영상 문화, 디지털 문화, 인공지능 기술 등을 외면하면 또 다른 형태의 문맹이 될 수도 있습니다.

여기서 말하는 문맹은 TV를 볼 줄 모르는 사람, 영화를 볼 줄 모르는 사람, 책을 볼 줄 모르는 사람이 아닙니다. 말로 표현하지 않은 이미지나 연출에 담긴 메시지를 해석하지 못하는 사람, 겉으로 드러나는 내용만 이해하고 그 안에 담긴 의미는 읽어내지 못하는 사람, 이것을 바탕으로 주체적 의미를 구성하지 못하는 사람은 이 시대의 '읽지 못하는 사람'이라고 할 수 있습니다.

오늘날 실질적인 미디어 문맹은 치명적입니다. 세상이 정보화 사회를 넘어서 초연결 사회로 진화하고 있어요. 점점 더 기계와 인공지능이 인간의 일을 대체하고 있는 상황에서 미디어를 통해 배우고, 소통할 수 없다는 것은 엄청난 걸림돌입니다. 인공지능이 인간을 대체하는 것이 아니라, 인공지능을 활용하는 사람이 활용하지 못하는 사람을 대체한다는 말도 있을 정도예요. 이런 시대일수록 세상에 적응하기 위한 문해력은 더욱 중요합니다.

◈ 미디어 문해력의 개념

요즘 '문해력(literacy)'이란 단어를 자주 접할 수 있어요. 보통 글을 읽고 쓰는 능력이란 의미로 많이 활용되는데, 요즘은 다양한 곳에 덧붙여 사용됩니다. '뉴스 문해력', '게임 문해력', '디지털 문해력', '유튜브 문해력', 'AI 문해력' 등.

이 책에서는 폭넓은 의미의 미디어(아날로그+디지털) 문해력을 집중적으로 다룹니다. 미디어 문해력을 한마디로 정리하면 '미디어의 메시지를 주체적으로 이해하고, 적절하게 활용하며 창의적으로 표현하는 능력'이라 할 수 있어요.

문자 언어를 기준으로 생각할 때, 읽는다는 것은 단순히 글자를 알아보는 능력에 한정하지는 않아요. 글의 맥락과 글 안에 숨은 뜻을 파악하고, 글이 쓰인 사회적 배경까지 생각하여 깊은 의미를 찾아내야 합니다. 쓰는 것 역시 마찬가지입니다. 주어진 상황과 읽는 이를 파악하고, 명확하게 내 생각과 의미를 담아 전할 수 있는 효과적인 표현 능력이 필요합니다.

그렇다면 읽고 쓰기의 대상을 '미디어'로 확장해 본다면 어떨까요?

현대의 미디어는 문자는 물론 이미지, 소리, 음악, 동영상 등 다양한 형태로 정보를 전달하기 때문에 멀티미디어라고 해요. 책과 영화처럼 제작자가 완성한 정보를 전달하는 미디어가 있는가 하면, 인터넷이나 소셜 미디어처럼 쌍방향 소통이 가능한 미디어 등 각각 활용하는 방식도 다릅니다. 요즘은 제작이나 전달 방식에 인공지능 기술을 활용하는 경우가 많아 새롭게 파악해야 할 대상이 되었어요.

이처럼 여러 가지 방법으로 전달하는 메시지를 바로 이해하고 각 미디어의 특성에 맞게 메시지를 표현하여 다른 사람들과 소통하는 능력이 '미디어 문해력'입니다. 정보를 받아들일 뿐만 아니라 쌍방향으로 미디어를 활용하고 나아가 미디어 콘텐츠를 제작하는 능력까지 모두 미디어 문해력에 포함된다고 할 수 있습니다.

콘텐츠 창작 분야에서도 SNS를 통한 일상 공유는 물론 영상 기획 및 제작과 편집, 능동적인 커뮤니티 활동, 개인 플랫폼 운영 등 활동 범위가 점점 더 넓어지고 있습니다. AI를 활용하여 콘텐츠를 제작하는 기술이 더 간편해지면서 누구나 창작자가 될 수 있는 기반이 마련되고 있습니다. 이를 적절히 잘 활용하는 것도 중요해요.

🔷 미디어 문해력을 바라보는 관점

학교에서 글자를 읽고 쓰는 방법을 배우듯, 미디어 문해력 역시 적절한 교육을 통해 키울 수 있어요. 보통 학생들이 미디어를 좋아하기에 도구로 활용하는 경우가 많아요. 신문을 활용한 수업, 영화를 활용한 수업, 광고를 활용한 수업과 같은 것이죠.

예를 들어, 역사 공부를 할 때 관련된 시대를 다룬 영화나 방송을 함께 보고 흥미를 유발한 후에 교과서를 공부해요. 유튜브에도 흥미로운 역사, 과학, 사회 콘텐츠가 많아 적극 활용하고 있습니다.

좀 더 심화하여 광고, 영화, 웹툰, 유튜브 등 그 미디어 자체를 공부할 수 있습니다. 예를 들어, 광고의 역사와 구성 요소, 기능부터 차근차근 배우고 광고를 제작하는 수업이에요. 직접 광고를 기획하며 스토리보드를 작성하고, 촬영과 편집까지 할 수 있습니다. 이렇게 하나의 미디어를 선택해서 이해하고 표현하는 완결된 수업도 가능하죠.

미디어와 교육은 함께 변화를 거쳐왔습니다. 과거에는 미디어로부터 이용자를 보호해야 한다는 생각이 주를 이루었습니다. TV를 바보상자라 부르며 멀리한다든가, 아동이나 청소년을 미디어의 영향에서 보호해야 한다는 주장이 대표적인 예입니다. 새로운 미디어가 나올 때마다, 경계의 목소리는 점점 더 날카로워집니다.

이런 주장은 강력한 힘을 가진 미디어가 제작자나 자본의 의도대로 이용자에게 영향을 끼치리라는 걱정에서 비롯합니다. 최근에도 SNS 중독이나 게임 중독에 대한 걱정과 함께 디지털 기기 멀리하기 운동을 펼치곤 해요. 지금도 스마트폰과 SNS를 디지털 마약이라고 부르며 강력히 규제하라는 목소리도 있습니다.

반대로 미디어를 적극적으로 활용해야 한다는 목소리도 있어요. 이용자는 미디어에 수동적으로 끌려다니는 것이 아니라 미디어를 주체적으로 활용할 역량이 있으며, 역으로 그 힘을 활용하여 각자가 콘텐츠를 직접 생산하면서 목소리를 내야 한다는 것입니다.

소셜 미디어가 발달하여 쌍방향 소통이 가능해지고, 대형 방송사가 아닌 개인도 다양한 미디어의 생산과 유통에 참여하고 이익을 얻게 되면서 이러한 관점은 더욱 힘을 얻고 있어요.

학생들의 장래 희망 인기 순위에 '크리에이터'가 상위권을 차지하고 있고, 많은 성인이 N잡으로 크리에이터를 준비하는 시대니까요. 아주 어려서부터 키즈 크리에이터를 적극적으로 육성하는 학부모가 늘고 있습니다. 인공지능 기술의 발달과 함께 콘텐츠 창작의 인기는 점점 더 커지고 있어요.

두 가지 관점 중에서 어떤 관점이 더 공감되나요? 가치관에 따라 조금 차이가 있겠지만, 미디어 문해력을 키우기 위해서는 두 패러다임이 모두 중요합니다. 무조건 배척하거나 막무가내로 받아들이는 것이 아니라, 균형 잡힌 관점으로 접근할 필요가 있습니다. 그래서 교육과정에도 미디어 문해력의 중요성이 점점 더 강조되고 있어요. 또 수업 시간에 활용하는 디지털 미디어 자료의 비중도 점점 커지고 있습니다.

미디어 문해력의 영역이 어디부터 어디까지인지는 굉장히 포괄적이기 때문에, 학계에서도 지속해서 논의 중입니다.

영국 미디어 규제 기구인 오프콤(Ofcom)은 미디어 리터러시(문해력)를 '접근(access) · 이해(understand) · 창조(create)'로 정의

했는데, 현재 이 기준을 세계인이 따르는 추세입니다. 그 외에도 조금씩 차이를 두고 세부 영역에 대한 구분이 달라지는데요.

이 책에서는 한국언론재단 미디어 교육 연구서(안정임, 김양은, 박상호, 임성원, 2009)에서 정의한 미디어 리터러시(문해력) 4가지 영역인 ①미디어 접근 능력(Access), ②미디어의 비판적 이해 능력(Critical Understanding), ③소통 능력(Communication), ④표현 능력(Create)을 바탕으로 합니다.

가볍게 분류하면 접근 능력과 비판적 이해 능력이 보호의 입장, 소통 능력과 표현 능력이 적극 활용의 입장이라고 할 수 있어요. 자세한 내용은 다음 장부터 살펴볼게요.

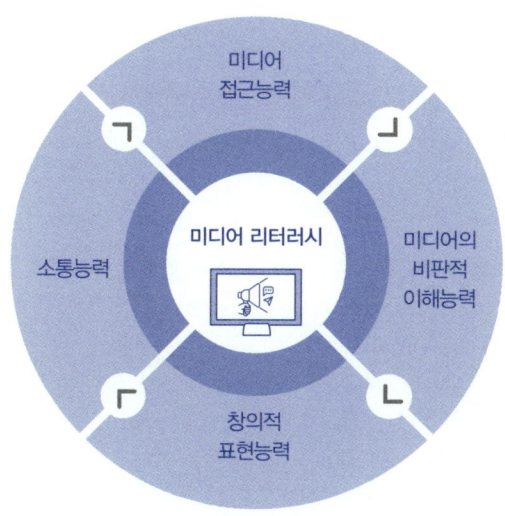

한국언론재단 미디어교육 연구서 2009

제1장 미디어 문해력이란

AI를 수행 평가에 활용해도 될까?

최근 학교에서는 생성형 AI를 활용한 과제를 적발하기 위해 특정 프로그램을 사용하기도 해요. 생성형 AI 사용이 적발된 학생은 평가에서 감점됩니다. 또 수행 평가 과제를 지필 평가처럼 교실에 모여서 진행하기도 해요. 본인의 능력으로만 과제를 하라는 의미입니다.

반대로 적극적으로 생성형 AI를 활용하도록 권장하는 학교와 선생님도 있어요. 잘 활용하는 것도 능력이니 과제의 질을 높이라는 의미죠. 혼란스러운 상황에서 학생들의 생각을 골고루 들어보았습니다. 여러분은 어떻게 생각하나요?

어차피 과제를 할 때 인터넷 검색을 자주 하는데, 그 자료를 잘 정리해서 대답해 주는 AI 활용과 큰 차이가 없다. 시간을 아끼니 효율적이다.	인터넷 검색은 여러 자료를 읽어 보고 선별하고 다듬는 과정에서 공부가 되는데, AI는 뚝딱 다 해주니 공부에 전혀 도움 되지 않는다.
기존 인터넷 검색도 거짓 정보가 많기 때문에 스스로 판별하는 게 중요하다. 생성형 AI만의 문제가 아니다.	생성형 AI는 잘못된 정보를 사실처럼 이야기해서 더 위험하다. 나도 모르게 잘못된 지식을 얻는다.
시대 흐름에 발맞추어 AI를 활용하는 능력도 학생의 수행 능력으로 인정해야 한다. 어른들도 다 활용한다.	수행 평가는 해당 학생의 수행 능력에 대해서 평가하는 것이지 생성형 AI의 능력을 평가하는 목적이 아니다.
새로운 인재상에 맞게 학생들이 모두 생성형 AI를 활용해서 효율적으로 과제를 하고 다른 공부나 활동에 에너지를 쏟을 수 있도록 해야 한다.	평가는 공정성이 중요한데, 생성형 AI를 활용하지 않은 친구들이 피해를 보고 상대적 박탈감을 느낄 수 있다.
여러분의 생각은?	여러분의 생각은?

제 2장

건강한
미디어 생활

중독을 이기는 자기 조절력

🔷 조바심에서 벗어나기

재밌는 일화가 있어 소개할게요. 깊이 감동한 영화가 있어서 친구에게 강력하게 추천했습니다. 이 영화 꼭 보라고 말이죠. 나중에 친구는 영화가 그럭저럭 괜찮았다고 피드백을 해주었어요. 아쉬운 마음에 이런저런 장면들에 관해 이야기했는데, 제대로 기억하지 못하는 겁니다. 알고 보니 이 친구는 10초씩 건너뛰면서 대충대충 영화를 본 상황이었어요. 그렇게 스치듯 보면 아무리 명작이라도 감동을 제대로 느끼기 어렵다고 친구에게 잔소리하고 말았습니다.

강의할 때 수강생들에게 자주 묻는 말이 있어요.

"책을 읽고 눈물을 흘린 적이 있나요?"

"영화나 드라마를 보고 눈물을 흘린 적이 있나요?"

"웹툰을 보고 눈물을 흘린 적이 있나요?"

눈물을 흘리는 것은 감정이입하고, 공감했다는 뜻이므로 충분히 칭찬받을 만합니다. 몰입하지 않으면 감동의 눈물을 흘릴 수 없어요. '빨리빨리'라는 시대에 진정 소중한 몰입의 경험을 강력하게 추천해요. 대충 보기만 해서는 감동의 눈물을 흘릴 수 없습니다.

많은 사람이 시간은 한정되어 있고, 보고 싶은 콘텐츠는 많으니 어쩔 수 없다고 해요. 특히 학생들은 학교와 학원 생활 이외에 짧은 틈을 내서 미디어를 즐기는 경우가 많아 더욱 조급하게 느낍니다. 유행은 쫓아가야 하는데, 시간은 없으니 '빨리빨리'의 강박에 빠집니다.

환경이 달라지면 태도도 달라져요. 넘쳐나는 콘텐츠로 인해 사람들이 갖는 속도에 대한 강박은 점점 더 심해집니다. 책도 후루룩 빨리 읽고, 영화도 1.5배속으로 보거나 건너뛰면서 필요한 장면만 봐요. 웹툰도 엄지손가락을 이용하여 쭉 밀어 올리며 스쳐 가는 그림을 눈으로 훑어 읽고, 게임도 배경이 되는 묘사와 스토리는 건너뛰기에 바쁘죠.

나아가 직접 즐기지 않고, 다른 사람이 정리해 준 내용만 보며 대리만족합니다. 물론 효율적으로 보이긴 하지만, 그렇게 작품을 대하면 진정한 감동이나 깨달음을 얻기는 힘들어요.

저 또한 '빨리빨리'의 유혹에 넘어갈 때가 많은데, 그럴 때마다 자신에게 물어봅니다.

"왜 빨리 읽고 싶은가?"

빨리 읽는 것이 무조건 나쁜 것은 아닙니다. 상황에 따라 효율인 전략이 될 수 있어요. 저도 강의를 준비하거나 원하는 자료를 찾을 때는 되도록 효율적으로, 필요한 부분을 발췌하며 책을 읽습니다.

하지만 별다른 이유 없이 마음이 쫓기는 때가 많아요. 그렇게 아낀 시간으로 중요한 일을 할 계획도 없으면서, 괜히 마음만 급해요. 이런 점에 생각이 미치면 좀 더 차분하게 미디어를 대할 수 있어요. '읽기'의 바탕이 되는 건강한 태도입니다.

"이 미디어를 왜 읽는가?"

'시간을 보내기 위해서인지, 정보를 얻기 위해서인지, 깊이 감동하고 싶은지' 이 점을 생각하면 이 미디어를 어떻게 대해야 하는지 더 명확하게 알 수 있습니다. 적당히 넘기면서 필요한 부분만 읽어도 미리 세운 목적을 달성할 수 있다면 그것으로 충분해요.

하지만 대부분의 미디어 콘텐츠는 마음 편히 읽고 차분히 즐겨야 그 깊이를 다 알 수 있습니다. 영화 한 편만 보아도 줄거리와 핵심 메시지 이 외에 수많은 서브 메시지와 정보, 볼거리와 즐길 거리, 한두 문장으로는 정리할 수 없는 복잡한 뉘앙스가 촘촘하게 담겨 있기 마련이죠.

현재의 미디어 환경은 우리가 미디어를 진지하게 대하기 어렵게 만듭니다. 21세기를 과잉의 시대라고 하지만 미디어는 유독 심해요. 너무 많은 콘텐츠가 쏟아져서 하나하나를 귀하게 여기기 어렵습니다.

이러한 태도를 더 가볍게 만드는 것이 무료, 정액제, 무제한 스트리밍이란 유혹이에요. 인터넷을 조금만 돌아다녀도 무료나 적은 비용으로 볼 수 있는 콘텐츠가 무한정 눈에 들어오죠. 둘러보다 보면 '본전을 찾아야 한다'라는 마음이 생기고, 빨리 많이 보지 않으면 아깝다는 생각이 듭니다. 후루룩 열 가지를 보는 것보다 한 가지를 차근차근 깊게 읽는 것이 더 좋다는 걸 알면서도 마음은 그렇지 않아요. 진도가 잘 나가지 않는 미디어는 답답하게 느껴지고, 애초부터 쉽고, 빠르게 볼 수 있게 만들어진 콘텐츠를 자주 찾아다니기도 하죠.

뷔페에 먹을 것이 많다고, 내가 다 먹을 필요는 없습니다. 오히려 체하면 고생만 해요. 무한 리필의 유혹을 극복하고 내 건강, 입맛과 체질에 맞추어 먹는 것이 현명한 자세입니다. '과잉

AI 시대 미디어 문해력

의 시대'에 스스로 절제하며 즐기고 음미하는 것이 중요해요. 긴 호흡으로 감상해 보세요.

'빨리빨리'의 논리에서는 이 책에서 다루는 많은 내용이 사치스럽게 느껴져요. 작품을 읽고 생각할 시간, 질문할 시간, 토론할 시간, 다른 매체와 비교할 시간, 변형하고 창조할 시간. 이러한 시간은 스스로 만들어야 하는 시간입니다. 그런 의미에서 이유 없는 '빨리빨리'란 강박에서 벗어나 마음의 여유를 되찾아 보세요.

◈ 미디어 중독 탈출하기

미디어 이용에 대한 강박은 미디어에 과하게 의존하도록 만들어요. 틈나는 짧은 시간도 아까워 웹툰과 유튜브를 보고 SNS로 열심히 소통하다 보면, 머릿속에 그 아쉬움만 가득하게 됩니다. 공부할 때도, 운동할 때도, 밥 먹을 때도 미디어 생각만 하게 돼요. 다른 것에 집중할 수가 없어요. 스몸비(SMOMBIE, 스마트폰과 좀비의 합성어) 라는 말이 나온 이유가 있죠.

강한 미디어 자극에 익숙해지면 친구들과 만나서 대화하거나 운동하는 것에 흥미를 느끼지 못합니다. 더 강한 자극이 기다리고 있기 때문이에요. 요즘은 친구들과 만나서도 각자 게임을 하거나 SNS만 하는 경우도 많이 볼 수 있어요. 서로 눈을 마주치며 대화하는 진정한 소통의 즐거움을 놓치게 됩니다. 그로 인해 친구와의 관계, 공감 능력 같은 소중한 것들을 점점 잃어버리게 됩니다.

심지어 미디어를 보지 않는 상황을 받아들일 수가 없게 됩니다. 심리적으로 불안감을 느끼고 예민해집니다. 지금, 이 상황에 집중하지 못하고 괴로워하며 또 다른 자극을 찾아 헤매게 돼요. 학교에서 스마트폰을 사용하지 못하게 했더니, 스마트워치를 계속 만지작거리거나 교육용 태블릿PC를 제공했더니 딴짓하느라 수업에 집중하지 못하는 경우가 많아요.

세계적으로 청소년의 스마트폰, 미디어 중독은 큰 이슈입니다. 요즘 청소년의 심리를 다룬《불안 세대》란 책에는 미디어가 미치는 부정적 효과에 관한 연구가 담겨 있어요. 청소년의 뇌 발달을 저해하고, 사회성을 약화하며, 우울과 불안을 유발하는 것으로 나타났습니다.

저자는 이를 막기 위해 강력한 미디어 개혁 4가지를 주장하기도 해요. ①고등학생이 되기 전까지 스마트폰 사용 금지. ②16세가 되기 전에 소셜 미디어 금지. ③학교에서 휴대전화 사용 금지. ④감독하지 않는 놀이와 독립적 행동을 더 많이 보장.

AI 시대 미디어 문해력

수업 때 청소년들에게 이러한 규칙을 이야기하면 말도 안 된다며 소리치곤 합니다. 너무 강압적이라는 의견도 많아요. 하지만 이런 규칙이 나온 배경도 생각해야 합니다. 수많은 연구 결과가 청소년들의 미디어 중독을 걱정하고 있으니까요.

공부를 위해서가 아니라 최소한 본인의 건강을 위해서라도 조절해야 합니다. 우선 게임을 하다 잠을 제대로 자지 못하는 학생들이 많아요. 7시간 이상의 충분한 수면 시간이 보장되도록 관리해야 합니다. 아무리 게임이 재미있어도 최소한의 수면 시간은 지켜야 건강하게 성장할 수 있어요.

그리고 눈과 귀의 건강을 챙겨야 해요. 나도 모르게 너무 오랜 시간 디지털 화면을 보게 되면 시각이 저하됩니다. 화면과는 적당히 거리(40cm 이상)를 두고, 중간중간 눈도 자주 깜빡여 안구 건조를 예방해요. 30분 이상 보았으면 5분 정도 하늘을 보며 휴식 시간을 갖습니다. 음악을 들을 때도 너무 큰 소리로 듣지 않도록 조절해요. '소음성 난청'을 주의해야 합니다.

인류의 자세 변천사

마지막으로 목과 허리 건강을 위한 바른 자세를 빼놓을 수가 없습니다. 눈의 높이보다 디지털 화면이 낮은 위치에 있을 때, 목은 점점 내려가고 거북목과 같은 자세가 됩니다. 화면에 빨려들어갈 것만 같죠. 학생들도 익숙한 거북목, 둥근 어깨는 척추 건강을 위협해요. 가슴과 어깨를 활짝 피는 스트레칭을 자주 해주어야 합니다.

시간이 아깝다고 걸어 다니는 중에 스마트폰을 보는 친구들이 많은데 가장 위험한 행동이에요. 얼마나 많은 사람이 스마트폰을 보고 걷는지, 신호등과 광고판이 바닥에까지 설치될 정도입니다.

우선 길을 가다 넘어질 수 있고, 자동차 사고가 날 수 있어요. 또, 흔들리는 화면을 계속 보면 초점을 잡기 위해 눈에 더 큰 무리가 갑니다. 걸으면서 스마트폰을 볼 때는 더 구부정한 자세가 되고 목과 허리에도 부담이 돼요. 최악의 자세이니 제발 걸어 다니는 동안만이라도 스마트폰에서 눈을 떼고 하늘을 보세요. 시야가 넓어질 겁니다.

심지어는 자전거를 타거나, 전동 킥보드를 타는 동안에도 스마트폰을 하는 학생들이 있어요. 지금 통제하지 않으면 이런 나쁜 습관은 더 심화됩니다. 어른이 되어서도 스마트폰을 보면서 운전하는 습관으로 굳어질 수 있어요. 여러분의 건강과 생명이 직접 연결된 생활 습관은 더 조심해야 합니다.

◈ 자기 조절력으로 균형 잡기

　여러분의 스마트폰 사용 금지가 최종 목적은 아니죠. 건강한 미디어 생활을 오래오래 하는 것이 중요해요. 그래서 아날로그와 디지털의 적절한 균형이 필요합니다. 하지만 디지털 세상이 너무나 매력적이기 때문에 우리는 한쪽에 치우쳐진 삶을 살아가고 있어요.

　보통 하고 싶은 것, 좋아하는 것만 하면서 살면 행복한 삶이라고 생각하지만 그렇지 않습니다. 건강하고 유익한 성격이 동반되었을 때 지속 가능한 즐거움을 느낄 수 있어요. 지금은 조금 불편할 수 있지만, 장기적인 행복을 위해 참고 견뎌야 하는 부분이 있습니다.

　달고 짠 음식은 자극적이지만 우리 몸에 해로운 부분도 많아요. 그런 음식만 먹으면 몸이 망가지기 때문에 나중에 고통받게 돼요. 그래서 지속 가능한 몸을 위해 건강한 음식도 함께 먹으며 균형 잡힌 식단을 챙기죠. 같은 맥락이라고 생각하세요.

　수많은 자극과 유혹 속에서 우리를 지키기 위해 가장 중요한 능력은 스스로의 의지로 조절하는 힘입니다. 수많은 미디어 기업은 사람들이 미디어에 종속될 수밖에 없도록 다양한 장치를 설치합니다. 많은 시간을 미디어 플랫폼 안에서 보내도록, 밖으로 나가지 못하도록 조종해요. 잠깐 방심하면 나도 모르게 중독되는 시대입니다.

누구나 중독 스펙트럼 어딘가에 놓여 있어요. 조금 가볍고 무거운 정도이지, 위험은 항상 존재해요. 먼저 자신을 조절하는 힘을 기르는 것이 중요해요. 그래서 청소년과 성인 모두에게 '자기 조절력'이 더욱 주목받고 있습니다.

김효원 교수님의 《자기 조절》에 의하면 자기 조절은 외부 환경과 자기 내부의 자극에 반응해서 자기의 감정이나 행동, 생각을 조절하는 능력을 의미해요. 자기 조절의 다섯 가지 영역으로는 감정 조절, 행동 조절, 인지 조절, 관계에서의 조절, 즐거움과 동기의 조절이 있습니다.

'분조장(분노조절장애)'이라는 표현이 있는데, 이것도 감정을 제대로 조절하지 못하는 상황이에요. 조금만 불편해도 참거나 기다리지 못하고 괴로워하는 마음도 행동을 조절하지 못하는 상황입니다. 수업 시간의 강의에 집중하지 못하고 산만하게 행동하는 것은 인지 조절이 안 되는 상황이에요. 친구와의 관계에서 배려하지 않고 갈등을 일으키는 것도 관계에서의 조절이 어

AI 시대 미디어 문해력

려운 상황이에요. 마지막으로 모든 것에 무기력하고 흥미를 느끼지 못하는 것도 동기 조절이 안 되는 상황입니다. 다양한 상황에서 조절 능력이 필요하죠.

학교나 학원에서 수업 시간에도 참지 못하고 몰래 스마트폰 게임이나 SNS를 하는 학생이 있어요. 이 상황에 맞는 적절한 행동이 무엇인지 알고 있지만, 스스로 조절하지 못하는 상황입니다. 그런 상황이 반복되면 결국 전체적으로 스마트폰을 걷는 규제가 필요하게 되죠. 억지로라도 자기를 조절할 수 있는 환경을 만드는 거예요.

요즘은 스터디 카페에서도 학생들의 스마트폰 이용을 관리하곤 해요. 관리형 독서실, 디지털 디톡스 카페 등의 이름으로 규제할 수 있는 환경을 조성합니다. 또 서로를 감시하고 자극하는 온라인 환경이나 SNS 챌린지를 활용하기도 해요. 도로에 감시 카메라가 있으면 조심하는 것처럼 적절한 처벌과 함께 운영되는 시스템이에요. 스스로 조절하기 힘들 때는 이런 환경 속에 풍덩 빠지는 것도 좋은 방법이에요. 사람은 환경의 영향을 많이 받으니까요. 체계적인 중독 극복 과정을 알아볼게요.

1. 상황 및 원인 파악하기: 구체적으로 확인하자!

가장 기본적으로 현재 상황 속에서 미디어에 과하게 의존하는 원인을 살펴봐요. 가계부를 쓰며 지출 내역을 점검하듯, 미디어 사용 시간을 정리해 보아야 합니다. 요즘은 유튜브 시청 시간, 인스타 사용 시간, 게임 접속 시간 등도 쉽게 확인할 수 있어요. 내가 주로 언제 미디어를 이용하고, 얼마나 미디어에 종속되어 있는지 확인해 봅니다.

상황을 진단했으면 그 원인도 살펴봐요. 단순하게 '재미있어서' 외에 가정환경, 친구나 연인, 성적 스트레스 문제 등 다양한 원인이 존재합니다. 일상에 손해를 미치는 정도의 상황이라면, 고치고 싶은 상황이라면 조금 불편하더라도 나 자신을 객관적으로 파악하려는 노력이 필요해요.

2. 상호작용하기: 함께 하자!

미디어를 다른 오프라인 사람들과 함께 즐기도록 합니다. 연예인 영상을 보다 친구와 팬 활동을 공유하거나, 영화를 보고 사람들과 대화를 나누거나, 게임 동아리에 가입하여 친목을 다지기도 해요.

혹시 더 깊이 빠지게 되지는 않을까 걱정할 수 있지만, 미디어 활동을 음지에서 양지로 끌어올릴 수 있는 좋은 방법이에요. 디지털 콘텐츠에 대한 과도한 몰입을 방해하고, 오프라인으로 돌아올 수 있는 연결고리를 계속 만드는 것이죠. 미디어라는 가상

AI 시대 미디어 문해력

세계에 혼자 갇힐수록 의존 경향이 점점 심해질 수 있으니, 주변으로 시야를 확장해요.

실제 많은 미디어 중독자가 외로움을 느낍니다. 이런 경우에는 가상 세계 밖으로 나와 사회적 관계를 맺으며 단계적으로 관계의 결핍을 해소할 수 있습니다.

3. 대세하기: 슬쩍 바꾸자!

바로 끊는 것은 힘드니 대체할 수 있는 활동을 선정하여 조금씩 대체합니다. 금연 치료 때, 담배 대신 사탕을, 금주 치료 때 음료수를 주는 것과 같은 원리예요.

예를 들어, 디지털 게임 대신 아날로그 보드게임을 하거나, 스포츠 웹툰을 보다가 실제 운동을 하거나, 음악 방송을 보다가 몸을 움직이며 춤추는 활동으로 대체할 수 있어요.

대체하면 또 다른 과의존에 빠지지 않을까 걱정할 수도 있는데, 그런 면에서 온라인과 오프라인, 디지털과 아날로그의 균형을 맞출 수 있도록 대체해야 합니다. 건강한 기준을 세우고 그쪽으로 나아가는 방향이죠.

4. 관리하고 거리두기: 의도적으로 훈련하자!

미디어를 완전히 차단하는 것이 아니라 미디어에 대한 과한

의존과 몰입을 막는 것이 목적이에요. 그래서 꾸준히 관리하는 습관이 중요해요. 궁극적으로 자기 조절의 힘을 키우기 위해서는 스스로 의지를 가지고 훈련해야 합니다. 뚜렷한 목표를 세우고 의도적으로 집중하고, 스스로 점검하고 피드백 하는 과정이 필요합니다.

예를 들어, 친구와 대화하는 지금 20분 간은 스마트폰을 만지지 말아야지, 가족과 밥 먹는 30분 간은 SNS에 들어가지 말아야지 라고 스스로와 약속하고 지키는 연습을 해야 합니다. 과거 거실에 TV 없애기, 컴퓨터를 거실로 옮기기, 컴퓨터 사양 낮추기 등의 활동이 요즘은 스마트폰 바구니, 스마트폰 존, 관리 앱 설치 등의 활동으로 이어집니다. 다른 사람이 하면 통제지만 스스로 하면 '약속'이 됩니다. 집에서도 가족끼리 스마트폰 활동 계획서를 작성하고 약속을 지켜나가는 노력이 필요해요.

일상에서 할 수 있는 작은 미션 몇 가지 추천할게요.

첫째, 걸어 다니면서 스마트폰 하지 않기.

필요할 때는 잠깐 멈춰서 하면 돼요. 이것도 큰 의지와 노력이 필요합니다. 꼭 실천해 보세요.

둘째, 화장실에 스마트폰 가져가지 않기.

샤워하거나 목욕할 때도 비닐랩에 싸서 스마트폰을 들고 들어가는 경우가 있는데, 이런 습관도 조절해 보세요.

셋째, 상대방과 대화할 때 스마트폰 잠시 멀리하기.

의사소통 능력을 키운다는 마음으로 상대방의 말과 표정에 집중해 보세요.

좋은 콘텐츠 가까이하기

나도 모르게 따라 하는 모방학습

왜 건강하고 좋은 콘텐츠를 봐야 할까요? 왜 콘텐츠는 나이별로 제한해서 청소년이 볼 수 없는 콘텐츠를 따로 분류할까요? 미디어를 보는 것과 우리의 생활에는 어떤 관계가 있을까요?

이런 관찰학습과 행동의 관계를 다룬 유명한 실험으로는 '앨버트 밴듀라의 보보 인형 실험'이 있어요. EBS 다큐프라임 「아이의 사생활 2부 도덕성」 편에서 진행한 비슷한 실험을 소개할게요.

미취학 아동을 세 그룹으로 나누고 한 그룹에는 인형에게 공격적인 행동을 하는 모습을 보여주었어요. 그리고 나머지 그룹에는 공격적이지 않은 행동을 보여주거나 무관심한 반응을 보여주었어요. 같은 상황이 되었을 때 공격적 모델을 관찰했던 아이들이 공격적인 모습을 더 많이 보였습니다. 이에 따라 타인의 행동을 관찰하는 것으로도 새로운 행동을 학습하고 모방할 수 있다는 이론이 증명되었어요.

어린이를 대상으로 한 실험이고 참여 인원이 많지 않다는 한계가 있지만, 우리가 분명히 주의해야 할 점이 있어요. 나쁜 콘텐츠에 오랜 시간 노출된 사람은 부정적인 영향을 더 많이 받을 위험이 있습니다.

실제로 수많은 개인 방송과 커뮤니티 게시물, SNS 챌린지들의 부정적인 영향이 사회 쟁점이 되었어요. '불 하트 챌린지'는 스프레이를 하트 모양으로 만들어 불을 붙이고 SNS에 공유하는 행위인데, 실제 화재 위험이 있어 소방관이 출동한 적도 있어요. '기절 챌린지'는 스스로 목을 졸라 기절하거나 숨을 참아서 의식 상실을 경험하는 과정을 SNS에 공유하는 행위인데, 여러 명의 청소년이 챌린지 도중 사망하기도 했어요.

반면에 긍정적인 콘텐츠는 긍정적인 행동을 끌어냈어요. '덕분에 챌린지'는 코로나19 팬데믹 당시에 고생한 의료진에게 감사와 응원의 메시지를 SNS에 공유하며 따뜻한 마음을 전하는 챌린지였어요. 이외에도 '플로깅 챌린지'는 조깅하면서 쓰레기를 줍고 SNS에 공유하며 운동과 환경 보호라는 유익한 메시지를 전달했어요. '필사 챌린지'는 책을 읽으며 발견한 좋은 문구를 직접 쓰고 SNS에 인증한 후 감상을 나누며 독서 문화를 확산했어요.

많은 사람이 이런 현상을 식습관에 비유합니다.

좋은 음식을 꾸준히 먹으면 건강한 몸 상태를 유지할 수 있지만, 나쁜 음식을 계속 먹으면 그만큼 건강을 잃을 수 있죠. 언어 영향도 무시할 수 없어요. 계속되는 거친 욕설과 폭언에 노출되면 나도 모르게 그런 말을 내뱉습니다.

스스로 나쁜 연결 고리를 끊고 건강한 연결을 이어가려는 노력이 필요해요. 의도적으로 나의 몸과 마음, 정신에 도움이 될 수 있는 좋은 콘텐츠를 선별하고 가까이 하는 태도를 가져야 합니다.

◈ 최소한 이것만은 피하자

최소한 나쁜 콘텐츠는 멀리할 수 있어야 해요. 기준은 여러분의 건강을 해치거나, 돈을 과하게 요구하거나, 성적인 접촉을 자극하고 유발하는 콘텐츠입니다. 건강 문제, 돈 문제, 성 문제와 같은 세 가지 주제는 더 엄격하게 경계해야 해요.

우선 건강을 해치는 콘텐츠를 보고 따라 하면 안 됩니다.

대표적으로 먹는 행위, 위험한 스포츠 행위, 폭력적인 행위 등이 있어요. '원칩 챌린지'는 매운 감자칩을 먹고 물이나 다른 음식을 먹지 않고 버티며 SNS에 공유하는 챌린지였어요. 수많은 참가자가 위장 장애·구토·복통을 호소했고, 일부는 병원에 실려 가기도 했습니다. 사람마다 신체 조건이 다르므로 위험한 상황을 초래할 수 있어요.

높은 곳에서 뛰어내리는 무술 영상을 보고 훈련도 되지 않은 상황에서 따라 하거나, 자전거와 보드를 타며 묘기를 흉내 내다 크게 다칠 위험이 있어요. 과도하게 관심을 끌기 위해서 하는 위험한 행위도 주의해야 합니다.

돈 문제는 과도한 후원과 결제, 사이버 도박이 큰 문제가 되고 있어요. 몰래 부모님 카드로 게임 머니를 결제한다거나, 크리에이터에게 후원하는 사건이 자주 발생합니다. 특히, 웹툰이나 웹소설, 게임 및 앱 이용료에 과도한 금액을 사용하는 행위가 멋있다고 생각하는 학생도 있어요. 물론 가치 있는 콘텐츠 제작자에게 정당한 비용을 지급하는 것은 괜찮지만, 돈의 가치를 제대로 알지 못하는 상황에서 잘못된 경제 습관이 생길 수 있어요.

심지어 현금을 걸고 게임을 해서 현금을 따거나 잃는 사이버 도박을 하는 청소년이 늘고 있어요. 그냥 게임이라고 생각하지만, 실제 현금을 벌거나 잃을 수 있는 행위는 모두 불법 도박입니다. 청소년이 이 사이버 도박에 중독되어 큰돈을 잃고, 친구 관계가 나빠지며 학교생활이 힘들어지는 일도 있어요.

게임이나 SNS를 통해 알게 된 사람이 쉽게 돈을 벌 수 있다고 유혹하는 경우가 많은데, 모두 거짓입니다. 초반에 조금 벌었다고 해도 그 자극을 잊지 못해 계속 도박하다 보면 결국 큰돈을 잃게 되니 조심해야 해요.

마지막으로 디지털 성범죄는 심각한 사회 문제입니다. 온라인에서 만난 대상이 과도하게 노출 사진을 요청하거나, 개인정보를 요구할 때 꼭 경계해야 합니다. 특히, 친한 친구나 연인이라고 믿었을 때 이런 일이 많이 발생해요. 의심하지 않도록 오랜 시간 신뢰 관계를 형성한 후에 속이는 경우도 많습니다. 친한 사이라도 사진과 영상 공유는 특히 조심해야 해요.

또, 자극적인 합성 콘텐츠를 제작해 유포하겠다고 협박하거나 유통하여 수익을 챙기는 나쁜 사람도 있습니다. 청소년에게 의도적으로 접근하는 검은 손길이 많은데, 혼자 해결하려다 상황이 악화된 경우가 많아요. 주변 부모님이나 선생님과 같은 어른에게 꼭 도움을 요청해야 해요.

◈ 노란 딱지는 왜 붙을까?

개인이 좋은 미디어, 나쁜 미디어를 구별하기 힘드니 미디어 플랫폼은 자체 지침을 두고 콘텐츠를 선별합니다. 대표적으로 유튜브의 노란 딱지가 있어요. 유튜브를 이용하는 많은 학생이 '노란 딱지'의 존재에 대하여 들어보았을 겁니다. 줄여서 '노딱'이라고 하는데, 크리에이터들이 가장 두려워하는 상황이기도 해요.

이 노란 딱지가 붙으면 광고 수익 창출이 되지 않기 때문입니다. 결국, 돈을 벌기 위해 콘텐츠를 만드는 사람의 밥줄을 끊는 무거운 징계라고 할 수 있어요.

유튜브는 기준을 갖고, 이에 어긋나는 불건전 콘텐츠에 '노란 딱지'를 붙입니다. 시작은 광고주가 피하는 영상물을 걸러내기 위해 도입한 정책이지요. 지금은 콘텐츠의 질과 적절성을 판단하는 중요한 기준으로 활용하고 있습니다. 현재 알고리즘이 주로 판별하기 때문에 억울한 사례도 많이 나오지만, 규제는 더욱 엄격해지고 있어요.

기준으로는 '과도한 노출 및 성적인 콘텐츠', '유해하거나 위험한 콘텐츠', '증오성 콘텐츠', '폭력적이거나 노골적인 콘텐츠', '저작권 위반 콘텐츠', '약물 및 총기 관련 콘텐츠' 등이 있습니다. 조금 추상적이지만 지향점은 무엇인지 알 수 있어요.

그럼 '노란 딱지'가 붙지 않은 콘텐츠는 모두 괜찮을까요? 그렇지 않습니다. 최소한의 규제로서 꼭 피해야 할 것이 '노란 딱지'라면 그 외에 우리가 스스로 판단하는 기준이 필요하죠.

만화책을 좋아했던 중학생 때의 경험을 바탕으로 하면, 어떤 만화책은 친구에게, 선생님에게, 부모님에게도 당당하게 추천할 수 있었어요. "너 뭐 보니?"라고 물어봐도 "코난 보고 있어요!"라고 자신 있게 말할 수 있죠. 또, 어떤 만화책은 친구에게는 공유할 수 있는데, 부모님이나 선생님은 민망할 수가 있어요. 나아가서 어떤 만화책은 친구에게조차 비밀로 하고 싶어집니다. 부끄러우니까요.

이런 내적인 기준을 생각하고 한번 정리해 보세요. 그런 의미에서 제가 자신 있게 추천할 수 있는 유튜브 채널 몇 가지를 공유할게요. 학생들, 선생님들, 학부모님들 모두에게 당당하게 말할 수 있어요.

물론 건강하고 유익한 채널보다 유쾌하고, 가볍고, 재미있는 채널이 더 끌리기 마련입니다. 저 또한 자극적이고 재밌는 채널과 건강하고 유익한 채널 사이에서 항상 갈등해요. 그럴 때 의도적으로 건강한 채널에 노출되도록 노력합니다. 환경 설정의 힘을 믿기 때문이에요.

채널명	내용	특징
전과자	진로 교육	아이돌과 대학 탐방의 조화
워크맨, 워크돌	진로 교육	실제 직업 간접 체험
지식 한잔	사회, 역사	국제 정치와 사상, 역사를 흥미롭게 설명
문학 줍줍	문학	세계 고전 문학을 깔끔하게 요약 정리
사물궁이 잡학 지식	일반 상식	일상생활 속 궁금증을 유쾌하게 해결
교양 만두	일반 상식	쉽고 재밌게 교양 지식 전달
안될과학	과학	다양한 과학 지식을 흥미롭게 전달
과학 쿠키	과학	학교 교과 과정과 연계하여 학습 가능

자극적인 콘텐츠에 익숙해지면 점점 더 강한 자극을 찾아 헤매게 됩니다. 여러분의 뇌를 망가뜨리는 부정적인 콘텐츠와 의도적으로 거리를 두기 위해선 수시로 건강한 콘텐츠를 접해야 해요. 그래야 균형이 맞는 건강한 미디어 생활이 가능해요.

대표적으로 유튜브 채널을 예로 들었지만 웹툰, 웹소설, 게임 등 다른 미디어도 마찬가지입니다. 내적인 기준을 들여다보아야 해요. 엄마 아빠 몰래, 친구들 몰래, 뒷사람 몰래 즐겨야 하는 콘텐츠는 청소년에게 해로울 확률이 높아요. 당당하게 미디어를 이용하길 바랍니다.

◈ 알고리즘에 속지 않기

〈소셜 딜레마(The Social Dilemma)〉란 다큐멘터리가 있습니다.

우리에게 익숙한 구글, 페이스북, 트위터, 인스타그램, 유튜브 등의 소셜 미디어 기업에서 근무한 사람들의 인터뷰를 바탕으로 소셜 미디어의 역기능에 관해 이야기합니다. 그 역기능의 중심에 인공지능 기반 알고리즘이 있어요.

과거에는 인터넷에 특정 키워드를 검색하면 모두 똑같은 검색 결과를 보았습니다. 하지만 요즘 미디어는 사용자의 이용 환경에 따라 다른 검색 결과를 보여줍니다. '맞춤형 결과'의 기준은 이용자의 사용 데이터를 모아서 추측하고 판단한 것이에요. 우리의 경험 데이터가 검색 결과에도 큰 영향을 미치게 된 것이죠.

이렇게 말로만 들으면 정말 편리해진 세상입니다. 하지만 역으로 알고리즘이 우리의 생각과 판단을 조종할 수도 있는 위치라면 어떨까요? 또, 그로 인한 이익을 다른 누군가가 가져간다면 어떤 기분이 들까요?

이 다큐에선 알고리즘으로 인해 많은 사람이 불필요한 광고에 노출되고, 플랫폼 회사가 광고 수익을 가져간다고 경고합니다. 우리의 소중한 인생을 다른 회사의 이익을 위해 소비한다고 말이죠. 그것 외에도 알고리즘 설계 자체가 심리학을 바탕으로

AI 시대 미디어 문해력

하여 인간의 행동을 유도한다고 해요. 우리가 SNS에서 손을 뗄수 없게 이용 시간을 늘리는 것이 알고리즘의 1차 목표입니다.

지금의 사람들에게 알고리즘 기반 큐레이션 서비스는 익숙합니다. 유튜브에서는 이런 댓글을 자주 볼 수 있어요.

"오늘도 알 수 없는 유튜브 알고리즘이 날 이곳으로 불렀다."

"유튜브 알고리즘, 고마워."

"유튜브 알고리즘 속에서 4시간째."

이런 알고리즘 시스템에 익숙해진 상황입니다.

광고도 사용자의 취향에 맞게 자동으로 맞춤 설정됩니다. 내가 인터넷 쇼핑몰에서 신발을 검색하면, 어느 순간 소셜 미디어나 포털 사이트에 신발 광고가 자주 보여요. 우리가 온라인에서 남긴 정보가 수시로 반영되기 때문이에요. 이를 우리가 남긴 발자국과 같다고 해서 디지털 발자국이라고 합니다.

이런 친절함이 불쾌할 수는 있지만, 미디어를 이용하면서 알고리즘 추천 서비스를 완벽하게 피하기는 힘든 일입니다. 그래서 주체적으로 알고리즘을 활용할 수 있는 방법을 소개하고자 합니다.

먼저 기본적으로 꾸준히 선별하고 정리해요.

SNS 계정에 올라오는 피드, 유튜브에 추천되는 게시물 등을 부지런히 고르고 정리해야 합니다. 책장에 내가 꽂아두고 싶은 책을 꽂아놓듯이, 플랫폼 메인을 내가 원하는 콘텐츠로 구성하는 것입니다.

유튜브로 예를 들면 게시물 이름 옆에 옵션을 클릭하면 '관심 없음', '추천하지 않음'이 있어요. 다른 플랫폼에도 '숨기기' 기능이 있어서 내가 보고 싶지 않은 게시물에 대한 추천을 차단할 수 있습니다. 조금 귀찮을 수 있지만, 이렇게 하나하나 정리해 나가면 플랫폼의 알고리즘에 더 적극적으로 내 생각을 전달할 수 있지요.

다음은 알고리즘의 추천 기반인 빅데이터를 구성해요.

우리가 남긴 검색 정보나 좋아요, 구독, 남긴 평점 등이 모두 데이터로 남아요. 알고리즘은 우리가 남긴 정보를 인식하고 우리를 판단합니다. 그러니 '나, 이런 사람이야'라고 의도적인 발자취를 남기는 겁니다.

요즘은 시작도 전에 '좋아요'와 '구독', '알람 설정'을 해달라고 하는데 저는 정말 다음에 보고 싶은 것에만 반응합니다. 그리고 평점을 남길 때도 다음을 생각해요.

'다음에도 이런 콘텐츠 추천해 줘', '다음에는 이런 콘텐츠 추천하지 마!'라는 메시지를 전달한다고 생각하세요. 인스타그램 같은 경우에는 계속 보고 싶은 키워드(#문해력 #미디어 교육) 자체를 팔로우할 수도 있습니다. '나 이런 주제에 관심 있어!'라고 의견을 전하는 행위예요.

이는 지금 '좋냐, 재미있냐, 마음에 드냐'와는 조금 다릅니다. 지금 재미있지 않아도, 조금 불편한 내용이라고 해도, 스스로 필요하다고 생각하면 좋은 흔적을 남길 수 있어요. 왜냐하면 '나 이런 콘텐츠도 필요한 사람이야.', '나는 편협하지 않은 사람이니까 다른 입장의 콘텐츠도 종종 추천해 줘.'라는 메시지를 주는 것이니까요.

마지막으로 부계정을 이용하는 것이에요. 우리 안에 여러 모습이 있듯, 계정도 여러 가지 컨셉으로 설정하는 것입니다. 계정별로 '음악 듣기', '책 이야기', '공부', '운동' 등의 컨셉을 나누고 그 컨셉에 충실하게 이용하지요. 그러면 명확한 카테고리 내에서 추천을 받기에 일관성 있는 정보를 얻을 수 있습니다. 이런 방법을 통해 알고리즘에 조종당하지 않고 조금이나마 주체적인 미디어 생활을 할 수 있습니다.

미디어 과잉 시대에 주목받는 개념 중 하나가 작품을 추천하는 큐레이션입니다. 미술관이나 박물관 전시에서 어떤 작품을 전시할 것인지, 기획하고 설명하는 큐레이터에서 파생한 말이지요. 이전에는 '전문가 추천', '아는 사람 추천'이 주를 이루었다면 지금은 알고리즘 추천의 영향력이 커지고 있습니다.

이러한 빅데이터 기반 알고리즘 추천은 내 취향을 정확하게 집어내므로 오히려 위험한 면이 있습니다. 순간의 만족도는 높을지 모르지만, 취향에 맞는 것을 찾다 보면 경험의 폭이 제한될 수 있어요. 이를 경계하는 말 중에 '에코 챔버(Echo Chamber)'와 '필터 버블(Filter Bubble)' 효과가 있습니다.

'에코 챔버'는 반향실이란 의미로 소리가 밖으로 나가지 않는 특수재료로 만든 방을 말합니다. 그 안에서 나는 소리는 메아리처럼 다시 울리고 더 크게 들리죠. 결국 차단된 알고리즘 속에서 자신과 비슷한 목소리만 듣는 폐쇄적인 상황을 비유해요. 그 안에서는 다른 목소리, 다양한 생각을 접하기가 힘드니 점점 편협해질 수밖에 없죠.

'필터 버블'은 엘리 프레이저가 《생각 조종자들》에서 언급한 내용으로 특정 알고리즘에 의해 정보가 걸러진 거품에 갇히는 현상을 의미합니다. 내가 관심 있는 것만, 나의 성향과 일치하는 콘텐츠만 계속 추천 받으며 그 생각 속에 갇히게 돼요. 그런 모두가 나의 생각에 동의하는 것처럼 느끼고, 자기 생각이 정답이라고 착각하게 됩니다. 이런 환경은 결국 편향된 사고방식으로 이어질 수 있어요.

내 생각과 같은 콘텐츠를 보고 따르면 마음이 편합니다. 마찰

AI 시대 미디어 문해력

과 갈등이 없으니까요. 하지만 자칫하면 우물 안의 개구리가 되기 쉽습니다.

여기서 주체적인 읽기 태도는 우물 밖을 궁금해하고 나가보려는 시도로 이어집니다. 그래서 우리는 의도적으로 나의 성향과 다른 미디어를 접하고, 소통하라고 권하는 것이죠. 정기적으로 알고리즘을 초기화하고 새로운 경험을 맞이하세요. 시야가 넓어질수록 기회도 많아집니다.

주체적으로 이해하기

비판적 사고란?

현재 미디어 생활에서 비판적 문해력은 점점 더 중요해지고 있습니다. 과잉 콘텐츠 속에서 진짜와 가짜를 구별하고, 올바른 판단을 할 수 있는 힘이 필요해요. 이번엔 거리를 두고 점검하는 '비판적 사고'에 대해 자세히 알아보겠습니다.

"어떤 사태에 처했을 때 감정 또는 편견에 사로잡히거나 권위에 맹종하지 않고 합리적이고 논리적으로 분석·평가·분류하는 사고 과정. 즉 객관적 증거에 비추어 사태를 비교·검토하고 인과관계를 명백히 밝혀 여기서 얻어진 판단에 따라 결론을 맺거나 행동하는 과정을 말한다." – 교육학 용어사전 _서울대학교 교육연구소

"해석, 분석, 평가, 추론을 산출하는 의도적이고 자기 규제적인 판단인 동시에 그 판단에 대한 근거가 제대로 돼 있는지, 또한 개념적, 방법론적 또는 맥락적 측면들을 제대로 고려하고 있는지에 대한 설명을 산출하는 의도적이고 자기 규제적인 판단" - 미국 철학협회

"어떤 신념이나 지식이라고 가정되는 것에 대해 근거와 결론을 조명하여 능동적이고, 지속적이고, 주의 깊게 고찰하는 것" - 교육학자 _존 듀이

여러 정의를 살펴보았습니다. 비판이라면 다른 사람을 지적하는 손가락을 떠올리는 분들이 많지만 저는 거울이 먼저 떠오릅니다. 비판적 사고의 기본은 다른 사람의 생각을 그대로 받아들이는 것이 아니라, 스스로 여러 가지 과정을 거쳐 점검하고 판단하는 사고 행위입니다. 여기서 다른 사람은 콘텐츠 제작자, 편집자, 유통자 등을 모두 포함해요.

《미디어 리터러시와 비판적 사고》(교육과학사)에 소개된 캐나다 온타리오주의 미디어 리터러시 수업모델 중 비판적 사고 대조표를 바탕으로 비판적 사고의 과정을 살펴보겠습니다.

1. 사실과 의견 구분하기

2. 주장이나 정보원의 출처 확인하기

3. 진술의 정확성 평가하기

4. 주장이나 진술의 편견 탐지하기

5. 논리적 비일관성 평가하기

6. 주장의 강도 평가하기

1. 사실과 의견 구분하기

정보 전달을 위한 콘텐츠는 사실과 의견을 구분하는 것부터 시작합니다. 대표적으로 누군가를 인터뷰한 내용이 포함된다고 하면, 직접 한 말이 '사실'이고 그에 대한 해석이 '의견'이 됩니다. 이 의견은 직접적인 말이 아니라 편집을 통해서 드러나기도 해요. 그래서 '악마의 편집'이란 말이 생길 정도입니다. 최근에는 인공지능 기술을 바탕으로 더 교묘하게 편집하기 때문에 더욱 경계해야 합니다.

실화를 바탕으로 한 콘텐츠가 많아지고 있는데, 이 또한 어디까지가 실화인지 구분할 필요가 있어요. 자극적인 재연 프로그램부터 역사 바탕 작품들이 논란의 대상이 되곤 합니다. 사람들에게 실화 바탕이라고 마케팅할 때는 언제고, 왜곡된 내용으로 소송당하면 이건 예술적 각색이라고 발뺌하는 모습도 많이 볼 수 있어요. 결국 우리 독자들이 경계해야 할 부분입니다.

2. 주장이나 정보원의 출처 확인하기

소셜 네트워크가 발달하면서 누구나 정보를 생산하고 공유할 수 있게 되었어요. 그래서 작자 미상의 옛날이야기처럼 근본 없는 정보들이 떠돌아다니는 경우도 많아요. "아는 사람에게 들었다.", "어디서 보았다." 등의 이야기는 출처가 명확하게 확인되지 않기 때문에 주의해야 합니다. 특히 건강 정보는 더욱 조심해야 합니다. 전문가도 아닌 사람이 전문가 행세하면서 자신이 홍보하는 물건을 판매하거나, 경제적 이익을 누리는 경우도 많아요.

SNS에서 떠도는 콘텐츠를 보았을 때는, 그 게시자가 어떤 사람인지 확인해요. 요즘 남의 콘텐츠를 편집하거나 합성해서 여기저기 공유하며 조회 수 장사를 하는 사람이 많은데, 우선 경계해야 합니다. 콘텐츠 안에 부분적이나마 통계, 그래프, 설문조사, 연구 결과 등의 자료가 포함될 때도 출처를 확인하는 습관을 갖습니다.

3. 진술의 정확성 평가하기

진술의 정확성은 결국 근거를 확인하는 과정으로 이어지는 출처 확인과도 깊은 관련이 있어요. 수많은 영상이 "절대 ○○○ 하지 마세요!"라는 자극적인 문구로 콘텐츠를 만듭니다. 왜 하면 안 되는지 명확하게 설명하지 않고, 불안감만 조성하는 경우가 많아요. 또 정확한 정보보다는 개인적인 소수의 경험을 바탕으로 강하게 주장하는 때도 많습니다.

이러한 메시지를 받았을 때, 가장 기본적으로 할 수 있는 정확성 평가는 과학적 근거를 확인하는 것입니다. 과학이 만능은 아니지만, 근거 없는 이야기에 휘둘리는 것보다는 믿음직합니다. 특히, 건강 문제는 더욱 중요해요. 과학적 근거가 명확하지 않으면 비슷한 사례를 분석하여 관련성을 확인하는 방법도 있습니다.

4. 주장이나 진술의 편견 탐지하기

남녀 갈등, 지역 갈등. 정치 갈등을 다룬 콘텐츠는 자신들이 지지하는 입장에서 생각할 확률이 높습니다. 누구나 알면서 가장 힘든 것이 '편견 없애기'입니다. 살아온 경험이 배경지식이 되고, 이를 바탕으로 새로운 지식을 습득하기에 우리는 백지처럼 투명할 수 없습니다. 대신 노력하는 것이죠. 편견의 기준, 허

AI 시대 미디어 문해력

용 범위도 시대정신에 따라 달라지니 매번 새롭게 감수성을 단련하는 것이 필요해요.

섬세한 감수성을 가지고, 다른 사람의 입장에서 생각해요. 장애인과 비장애인, 남자와 여자, 백인과 흑인, 젊은이와 늙은이, 부자와 빈자. 이렇게 서로 다른 시각으로 읽었을 때, 누군가 불편하지 않을지 생각하고 어떤 의도가 담긴 것은 아닌지 고민할 수 있습니다. 메시지에 담긴 편견이 내 생각과 같을 수도 있고 다를 수도 있지만, 우선 거리를 두고 그대로 분리해요. 누구도 편견에서 벗어나 있지 않음을 명심합니다.

5. 논리적 비일관성 평가하기

대화하다 보면 헷갈릴 때가 있습니다. 저 사람이 아까는 A라고 했는데, 지금은 B라고 하면 궁극적으로 무슨 말을 하고 싶은지 혼란스러워요. 이상한 말이라도 일관성이 있으면 의도를 파악하고 반대하면 되는데 말이죠. 대신 논리적인 일관성을 파악하려면 '잘' 들어야 알 수 있어요. 건성으로 끄덕끄덕하면 놓치기 쉬운 부분입니다.

이는 궁극적으로 '무슨 말을 하고 싶은 것인가?'를 파악하는 과정입니다. 매 순간 어떤 주장을 하는지 파악하고, 그 흐름을 비교해요. 또한 근거가 주장을 뒷받침하는지, 같은 맥락인지 확인하는 것도 필요해요. 논리적으로 일관되지 않았다면 결국 신뢰할 수 없는 콘텐츠가 되니까요. 그래서 게시물만 보지 말고 그 게시물의 제작자와 다른 게시물을 함께 확인해야 합니다.

6. 주장의 강도 평가하기

선생님이 수업 시간에 반복해서 말하는 내용은 중요한 부분이고, 시험에 나올 확률이 높습니다. 말하다가 목소리가 커지면 그 부분에서 본심이 드러나는 경우도 많아요. 강조하고 싶은 욕구가 드러나죠. 이야기 중에서도 '주인공'이 가장 자주 나오고, 클라이맥스에서 묵직한 대사를 쏟아냅니다.

결국 중요도를 판단하고 구별하는 문제입니다. 여러 텍스트에서 제작자가 더 강조하는 부분이 있고, 덜 강조하는 부분이 있을 거예요. 우리는 그 의도를 파악해야 합니다. 반복하기, 맨 처음이나 마지막에 언급하기, 접속사 활용하기, 직접 강조하기 등 다양한 방법으로 강조할 수 있어요.

◈ 주관과 객관 분리하기

사람은 모두 주관적입니다. 일인칭의 시각으로 삶을 살아갑니다. 상황에 따라 객관적인 태도를 가지려고 노력할 뿐이죠. 주관적인 태도는 나쁘고 객관적인 태도는 좋다고 말하는 분도 있지만, 이것은 필요에 따라 다릅니다. 자신만의 독특한 관점과 개성을 존중하는 시대니까요.

ⓘ **주관과 객관 분리**

주관적
자기의 견해나 관점을 기초로 하는 것

객관적
자기와의 관계에서 벗어나 제삼자의 관점에서 사물을 보거나 생각하는 것

그런 의미에서 저는 '주관과 객관 분리'를 자주 이야기합니다. 두 가지 태도를 모두 간직하고 상황과 목적에 맞게 꺼내서 사용할 수 있도록 하는 것이죠. 하나의 관점에 빠지지 않고 메타인지(생각에 관한 생각)를 활용해 과정을 조절해요. 예를 들어볼게요.

과거 KBS의 「1 vs 100」이란 퀴즈 프로그램에 나간 적이 있습니다. 연예인 1명과 일반인 100명이 함께 퀴즈 문제를 푸는 프

로그램이었는데, 온라인 예심을 보고 100명 중 1명으로 나가게 되었어요. 1/100이기 때문에 부담이 적다는 것이 큰 장점이었죠. 100명은 배경처럼 자리해 잘 보이지 않았고, 저는 57번으로 가운데쯤 어중간하게 있었습니다. 옷도 흔하디 흔한 하얀 셔츠를 입고 있었어요.

그래도 TV에 나왔을 때, 엄마를 비롯한 지인들은 100명 중의 1명인 저를 바로 알아보았어요. 문제를 많이 맞혀 개인 인터뷰한 것도 아니고, 튀는 스타일도 아닌데, 바로 찾아내어 사진을 찍어 두었어요.

여기서 '주관성'이 발휘되는 것이죠. 우리도 졸업 사진이나 소풍 사진 중에서 놀랍도록 신기하게 아는 사람을 찾아내곤 해요. 사람이 많은 번화가나 공항에서도 마찬가지입니다. 수많은 사람 중에 내가 아는 사람이 잘 보여요. 객관적으로 멋있거나 화려해서가 아니라 주관적 인식의 결과물입니다. 그 사람이 나한테 의미 있는 존재이기 때문이죠.

미디어를 읽는 과정에서도 마찬가지입니다. 내가 주관적으로 느끼는 것과 다른 사람이 공통으로 느낄 만한 의미, 텍스트가 객관적으로 이야기하는 메시지를 분리하여 생각하는 것이 중요해요. 문제로 따지면 출제자의 의도, 대화로 따지면 말하는 사람의 의도와 같은 의미입니다.

AI 시대 미디어 문해력

학생들과 존재감을 다룬 청소년 소설《비스킷》으로 독서토론을 진행했습니다. 주인공은 약한 존재감을 가진 대상을 '비스킷'이라 표현하며, '누구도 비스킷이 되어서는 안 된다'라는 생각에서 그들을 구하기 위해 노력해요. 이 주인공의 목소리가 작품의 주제를 대변한다고 볼 수 있죠. 누구도 소외당하지 않고, 소외시키지 않는 사회를 지지해요.

하지만 독서토론을 하나 보면 다른 생각도 나옵니다. '자발적으로 혼자 있고 싶은 사람도 있지 않나요.', '비스킷이 되고 싶은 사람은 그것도 존중해야 하지 않나요.', '비스킷은 누가 도와주기보다 자신의 문제 같아요.' 등의 이야기는 뜨거운 토론 거리입니다. 여기서 이러한 생각이 잘못되었다는 말은 아니에요. 아주 소중한 질문이고 확장된 생각이에요. 대신 저자의 핵심 메시지를 분리하여 연습하면 좋아요.

일상 대화에서도 마찬가지입니다. '밥은 먹었니?'라고 물었을 때, 누군가는 일상의 대화처럼 가볍게 대화할 것이고, 누군가는 안부를 묻고, 걱정하여 주는 사람에게 고마워할 것이고, 누군가는 밥도 잘 못 챙겨 먹는 자신을 무시한다고 생각할 수 있습니다.

상황과 맥락, 기존의 관계에 따라 다르게 해석할 수 있는 '주관적' 영역이 분명히 있습니다. 하지만 그것을 덜어내고 다른 사람이 이 말을 들었을 때 어떻게 반응할지 생각하며 '객관적' 영역을 구분하여 챙기는 것도 필요해요. 이렇게 분리한 후 거리를 두고 판단하면 됩니다. 그럼, 오해가 줄어들 수 있어요.

주관과 객관을 분리하는 인식의 과정은 나의 주체적인 생각을 살리면서 그 생각에 갇히지 않는 방법이에요. 유연한 생각과 함께 다른 사람과의 소통도 원활해집니다. 한쪽에 우위를 두지 않으며 주관과 객관의 균형 속에서 조화롭게 생각하는 것이 건강한 미디어 생활로도 이어지리라 믿습니다.

🔷 내면화 질문으로 나만의 의미 만들기

고전 게임 '테트리스'를 알고 있나요? 게임을 시작하면 계속 퍼즐이 내려옵니다. 다양한 퍼즐을 옮기고 회전해 가며 모양에 딱 맞게 차곡차곡 쌓으면 점수를 낼 수 있어요. 하지만 퍼즐이 너무 빨리 많이 내려오면 점점 퍼즐을 적절한 위치에 쌓기가 어려워집니다.

테트리스를 우리의 삶, 인생에 비유하면 퍼즐은 자극이라고 볼 수 있습니다. 미디어의 홍수 속에서 우리는 수많은 자극에 묻혀가고 있어요. 눈만 돌리면 볼 수 있는 온갖 광고, 여기저기서

들리는 노래, 쉼 없이 울리는 채팅 알림음까지. 산속에 들어간다고 해도 피하기 어렵습니다.

이 많은 자극을 아무 생각 없이 받아들이면 어떻게 될까요? 생각 없이, 주어지는 대로 뒤죽박죽 퍼즐이 쌓이다 보면 우리의 머릿속은 순식간에 'Game Over'가 될 것입니다.

많은 사람들은 다음 퍼즐로 '좋은 것'이 나오길 기대합니다. '좋은 퍼즐은 무엇일까요?' 대부분 처음에는 긴 작대기나 반듯한 네모를 기대합니다. 하지만 바닥이 쌓이면서 '좋은 퍼즐'의 기준이 바뀌어요. 내가 살면서 쌓아온 기반이 기준이 됩니다. 이 기반에 맞는 퍼즐이 좋은 퍼즐입니다.

여기에서 기반은 '나의 상황과 목적'입니다. 그렇게 자신이 쌓아온 기반을 스스로 파악해야 합니다. 수시로 바뀔 수 있으니 자주 들여다보아야 해요. '나는 지금 어떤 상황이지?', '나는 지금 무엇이 필요하지?' 자주 점검하며 새로 오는 자극에 적절히 반응하는 것이 중요합니다. 이렇게 스스로 질문하며 방향을 찾아가는 것이 주체적 읽기의 시작점이라 할 수 있어요.

기본적으로 우리는 스스로에 대해 알고 싶어합니다. 그래서 수많은 심리 테스트를 하며 자신의 정체성을 확인하기도 해요. 유명한 MBTI나 에니어그램, 혈액형 테스트부터 가벼운 별자리나 연애 성향 테스트 등 자가 진단을 통해 자신의 성향을 확인하고, 분석된 결과를 기다려요.

이 설문 과정이 스스로에 대해 확인하는 과정이라고 할 수 있어요. '이 상황에서 당신은 어떤 선택을 할까요?', '이 상황에서 당신은 어떤 감정을 느꼈나요?'와 같은 질문을 계속 주며, 스스로 그 상황에 풍덩 빠져봅니다.

이렇게 스스로에게 적용하고 마음속에 새기는 과정을 내면화라고 합니다. 누군가에게 분석해달라고 요청하는 것이 아니라, 스스로에게 질문하고 상상하고 그려보는 것이죠.

많은 작품에서 주인공이 큰 시험이나 비즈니스 회의를 앞두고 있을 때, 소중한 사람이 위험에 처하곤 합니다. 그러면 주인공은 둘 중 하나를 선택해야 하죠. 힘들게 준비한 성공의 문턱이냐, 사랑받는 기쁨을 알려 준 사람이냐. 단순하지 않은 순간이에요.

이런 상황에 몰입하고 주인공의 선택을 궁금해 하는 것을 넘어, '나라면 어떤 선택을 할까?' 질문하는 것이 내면화 질문입니다. 작품을 읽고 나서 나를 향한 질문. 나를 알아가는 질문을 꼭 던집니다. 그리고 스스로 대답하는 겁니다. 작품에 대해서 알았으니 이제 나에게 자연스럽게 적용해 보는 것이죠. 정답을 찾는 것보다 스스로 고민하고 선택하는 과정이 소중하니까요.

어떤 작품에서든 이런 질문을 만들 수 있습니다.

고전소설

《흥부전》

- 내가 놀부라면, 동생과 공평하게 재산을 나누었을까?

- 나는 제비와 같이 말 못 하는 동물을 함부로 대한 적이 없었는가?

《홍길동전》

- 나는 가출하고 싶었던 적이 있는가?

- 내가 새로운 세상을 만든다면 어떤 세상을 만들고 싶은가?

현대소설

《페인트》이희영

- 내가 주인공이라면 어떤 부모를 선택했을까?

- 나에게 가족은 어떤 의미일까?

《순례 주택》유은실

- 나의 주변 이웃 중, 인상 깊었던 사람은 누구인가?

- 내가 생각하는 건강한 어른의 모습은 무엇인가?

AI가 학습하는 나의 데이터로 돈을 벌 수 있을까?

여러분이 인터넷을 사용할 때마다 흔적이 남아요. 이러한 흔적을 디지털 발자국이라고 합니다. SNS와 포털 사이트는 여러분의 디지털 발자국을 바탕으로 맞춤 광고를 진행하고 수수료를 받습니다. 그 외에도 여러분의 카드 결제 내용, 쇼핑 내용 등도 모두 기업의 마케팅에 적극 활용될 수 있어요.

인공지능 시대에는 양질의 데이터가 더욱 중요해지고 있어요. 여러분이 인터넷에 남긴 대화나 이미지, 영상들도 인공지능 학습에 활용될 수 있어요. 이때 나의 데이터를 통해 빅테크 기업이 큰 수익을 올리는 것에 대해 여러분은 어떻게 생각하시나요? 이용자의 데이터를 활용하여 얻은 이익에 대해서 이용자에게 돌려주는 데이터 배당제에 대한 생각을 나누어 보아요.

데이터는 고객의 귀중한 정보이자 재산이기 때문에 활용한 대가를 나누는 것이 형평성에 맞다.

우리가 거의 무료로 이용하고 있는 인터넷이나 SNS에 대한 비용이라고 생각한다.

데이터에 대한 비용을 측정하면 기업들도 더 투명하고 가치 있게 데이터를 다룰 것이다.

데이터는 모아야 의미가 있지, 개별적인 내 데이터의 가치를 매기기 힘들다. 아직 혼란스러울 것 같다.

요즘 디지털 보안 사고가 자주 일어나는데, 데이터에 대한 인식이 달라지며 개인정보보호를 강화하는 분위기가 형성될 것이다.

데이터 배당제로 수익을 나누어준다면 기업들이 서비스 이용료를 올릴 것이 걱정된다. 지금 충분히 만족한다.

인공지능 시대에 맞게 미래 데이터 사회의 경제 질서를 새로 구축할 필요가 있다. 이는 이후 저작권 이슈와도 연결되어 있다.

데이터를 활용해서 기술을 개발해야 하는 중소기업들에 큰 부담이 될 것 같다. 함께 산업을 성장시키는 것이 중요하다.

어떻게 생각하나요?

어떻게 생각하나요?

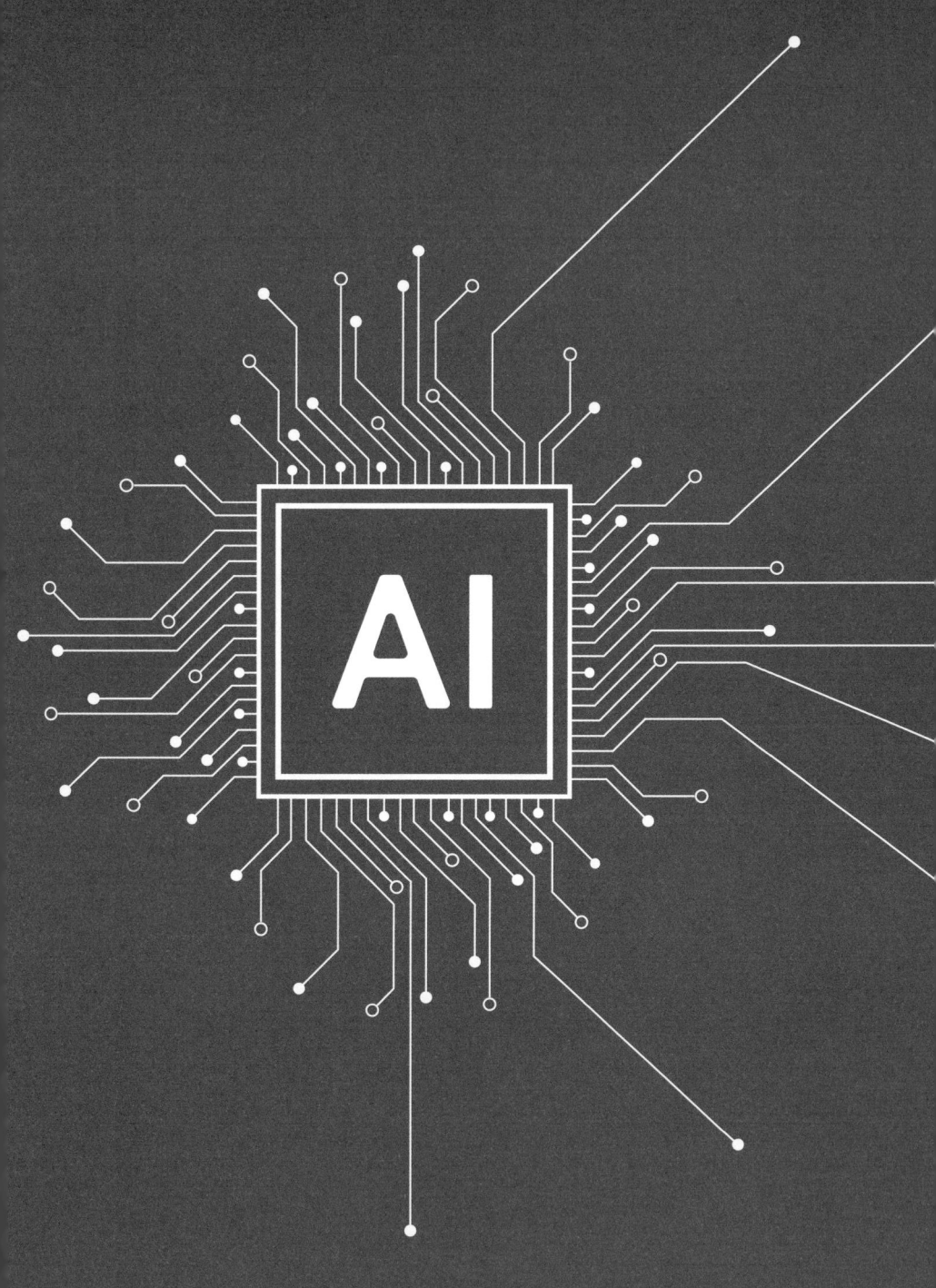

MEDIA LITERACY

제 3 장

결에 따른
미디어 문해력

01

전통적인 미디어의 변화

◆ 아날로그에서 디지털까지, 책

전통적인 미디어의 매력

책의 인기는 줄어들고 있지만, 많은 사람이 책 읽기를 추천하고 권장해요. 수많은 도서관에서 책을 무료로 빌려주고, 책과 친해지기 위한 프로그램을 운영해요. 다른 미디어와 달리 국가적으로 독서 장려 캠페인을 진행합니다. 왜 그럴까요? 어떤 매력이 있을까요?

책은 오래된 미디어 중 하나입니다. 그만큼 권위가 있고, 다양한 내용을 다루고 있어요. 책이란 본래 종이를 48쪽 이상으로 묶어 내용을 담은 형태를 가리키는 말이었습니다. 글 위주로 된 서적은 물론 그림책, 포토 북, 팝업북 등 다양한 콘텐츠를 포함했어요.

그런데 전자책, 웹소설, 오디오 북 등이 등장하면서 책의 정의는 조금 달라졌습니다. 이제는 굳이 종이에 인쇄되지 않더라도, 완성된 구조를 갖추어 글과 그림으로 지식과 생각을 전달하는 콘텐츠를 책이라 부를 수 있어요.

책을 나누는 카테고리는 다양합니다. 크게 보면 소설, 시, 희곡, 에세이 등의 문학과 그 외 지식과 정보를 다루는 인문, 교양, 실용 분야, 그리고 전문서와 학습서 등으로 분류할 수 있어요. 여기서는 간단히 소설과 비소설로 나누어 알아보겠습니다.

소설은 이야기를 담아냅니다. 이야기는 사람의 마음을 끌어들이는 매력을 갖고 있죠. 소설가는 특정 배경 속에서 살아가는 인물이, 어떤 사건을 겪는 구성을 통해 이야기의 주제를 전달해요. 거기다 이것을 어떤 문체로 표현하는지도 중요하죠.

소설을 좋아하는 학생은 이유가 다양해요. 인물이 정말 매력적이라거나, 사건이 흥미진진하다거나, 시간적·공간적 배경에 빠져든다거나, 주제 의식이 감동적이라거나, 문장이 아름다워서 빠져든다거나. 모두 다 소설의 매력이에요.

어떤 사람은 어차피 '가짜'인데 왜 소설을 읽느냐고 묻기도 합

AI 시대 미디어 문해력

니다. 허구를 바탕으로 한 경우가 많아서 일리가 있는 말이지만, '사실'과 '진실'은 다르다는 말을 생각해 보세요. '진짜' 일어났던 사실을 보여주는 것이 전부가 아니에요.

청소년 소설《비스킷》에서 소외된 사람들이 희미해지고 나중에는 보이지 않게 된다는 설정은 허구입니다. 하지만 이를 통해서 우리 삶에 소외된 사람들, 투명 인간 취급을 받는 존재감이 약한 사람들을 보여줘요. 결국 비스킷의 존재 자체가 '사실'은 아니지만, 존재감이 약한 사람의 고통은 '진실'이에요. 우리는 소설을 통해 그들을 이해할 수 있어요.

이렇게 소설은 우리가 경험하지 못하는 많은 것을 보여주고 들려줘요. 그리고 삶의 진실에 우리를 한 발짝 더 다가가게 해줍니다. 더 가까이 다가가기 위해선 소설 속에 푹 빠질 수 있는 감정이입, 공감 능력이 중요해요.

소설을 읽는 이유는 여러 가지겠지만, 한 인물을 통해서 우리가 경험하지 못한 세계를 대리 경험해 볼 수 있어 매력적이에요. 한 번뿐인 인생에서 여러 인생을 살아보는 경험은 소중해요. 그렇게 얻은 경험은 스스로 성찰할 기회도 제공하여 줍니다. 누군가 일방적으로 전달한 메시지가 아니라, 간접적이나마 스스로 경험한 이야기 속 메시지는 독자의 삶에도 좋은 영향을 미쳐요.

소설 못지않게 대중에게 많이 읽히는 책이 에세이입니다. 에세이는 수필, 편지글, 기행문, 자서전 등 다양한 장르를 포함해요. 주로 저자의 경험과 생각을 공유하는 글입니다. 그 안에서 지식을 공유할 수 있고, 심리적인 안정감을 줄 수도 있어요. 학생들에게 나중에 어떤 책을 쓰고 싶냐고 물으면, '그냥 제가 살아온 이야기요!'라고 대답하는 친구들이 많은데, 이런 주제가 모두 에세이가 될 수 있습니다.

에세이는 자유형식의 글로 다루는 소재도 다양하고, 자기 고백적인 성격이 강해요. 그렇다 보니 장르의 경계가 모호한 경우가 많습니다. '인문 에세이', '역사 에세이', '철학 에세이'와 같이 지식 정보를 부담 없이 전달하는 의미로도 많이 활용되죠. 그만큼 독자가 쉽게 접할 수 있는 장르입니다.

문학 작품을 제외한 글은 크게 설명하는 글과 주장하는 글로 나눌 수 있어요. 어떤 정보를 전달하거나 주장할 때는 객관적인 정보나 타당한 근거를 바탕으로 탄탄하게 이야기를 구성하려고 노력해요. 그래야 상대방이 정보를 믿거나 주장에 설득을 당하겠죠.

100% 객관적 진실은 없어요. 최신 연구에 따라 기존 상식이 뒤집히기도 하고, 같은 사실도 학계에 따라 다르게 해석하기도 하죠. 그런데도 '허구'를 전제로 하는 문학과의 차이점은 사실에 가까운 정보를 전하려고 하는 노력, 객관적 정보를 바탕으로 설

AI 시대 미디어 문해력

득하려고 하는 그 과정에 있습니다.

아직은 가장 오랜 기간, 많은 정보를 쌓아온 것이 책입니다. 그래서 많은 사람이 자료를 찾기 위해 도서관에 가고, 인터넷 검색으로 충분하지 않은 자료는 책을 통해 확인해요. 인터넷에 있는 단편적인 정보를 넘어, 책은 구조화된 지식의 총체로서 완결성을 갖고 있습니다. 그래서 빨리빨리의 강박에 빠져 숏폼 콘텐츠만 보는 사람들에게 긴 호흡의 책 읽기는 좋은 치료제이기도 합니다. 그래서 지금 시대의 가장 필요한 미디어가 책입니다. 우리에겐 균형이 필요해요.

책의 변신은 무죄

가장 오래된 미디어인 책도 꾸준히 변화하고 있어요. 누구나 자유롭게 출판할 수 있는 독립 출판 시장은 개성 있는 주제로 마니아층을 형성하며 새로운 가능성을 보여줍니다. 10대 청소년 작가도 자유롭게 다양한 주제의 책을 출판하고 있어요. 출판사의 눈치를 보지 않고 스스로 쓰고 싶은 내용을 모아 책을 출간해요.

온라인에서 바로 읽는 웹소설은 새로운 매력의 글을 보여주며 꾸준히 독자층을 확장하고 있습니다. 모바일 생태계에 익숙한 젊은 독자의 많은 사랑을 받고 있어요.

디지털 기기와 만난 전자책을 시작으로 무제한 구독 서비스도 활발하게 진행하고 있습니다. 월정액제로 노래를 무제한 들을 수 있고 영화와 드라마를 계속 볼 수 있는 것처럼, 책도 그런 시스템을 갖추게 되었어요. 대표적으로 디지털 독서 플랫폼 '밀리의 서재'와 '윌라', '리디북스', '예스24 북클럽' 등이 있어요. 디지털과 접목하여 과거에는 생각지도 못한 방식으로 책을 소비합니다.

디지털 기술과 결합해 책도 다양한 방식으로 변화하고 있어요. 연예인이나 전문 성우가 녹음한 오디오 북, AI TTS(text to speech) 기술로 만든 AI 보이스 오디오 북, 책의 내용을 채팅 형으로 재구성한 콘텐츠, AI를 활용하여 책을 요약한 콘텐츠 등. 책이란 콘텐츠를 넘어 경험과 취향을 팔기 위해 새로운 시도를 다양하게 하고 있습니다. 저는 특히 산책하며 듣는 오디오 북의 매력에 푹 빠져 있어요. 추가된 음향 효과 덕분에 이야기 몰입도 잘 돼요.

이제는 지하철에서 스마트폰만 본다고, 책을 안 읽는다고 잔소리하기 힘든 세상이에요. 스마트폰으로 책 읽는 사람도 많으니까요. 책을 너무 가볍게 소비하는 것에 관해 걱정하는 사람도 있지만, 빠르게 변하는 미디어 시장에서 책도 적응하는 중입니다.

요즘 인공지능을 활용한 책 쓰기가 적극적으로 이루어지고 있어요. 과거에는 정보 전달에 특화된 글쓰기를 주로 했다면, 지금은 예술 창작의 영역까지 적극 활용합니다. 오히려 AI가 객관적 정보 전달에는 오류가 있을 수 있지만, 허구의 이야기는 더 맘껏 펼칠 수 있다고도 해요. 그래서 소설, 비소설 가리지 않고 'ChatGPT'가 저자 이름으로 등장하곤 합니다.

학생들에게 'AI가 100% 쓴 책을 돈 주고 사서 읽고 싶나요?'라고 물으면 아직 부정적인 의견이 많아요. 정확한 정보보다 저자의 독창적인 생각과 이야기에서 글의 매력을 느낀다는 학생도 많았어요. 급변하는 시대에 독서 콘텐츠도 어떻게 달라질지 기대됩니다.

ⓘ 책 읽기 Tip

- 소리 내어 읽고 좋은 문장을 따라 쓰며 문체의 맛을 즐깁니다.
- 책을 읽고 나만의 생각을 더하고 기록합니다.
- 목적과 장르에 맞는 다양한 독서 방법을 골고루 활용합니다.

💠 상업성과 예술성의 조화, 영화

영화의 복합적인 매력

영화관에서 팝콘을 먹으며 영화를 본 경험이 있나요? 다른 미디어와 다르게 영화는 영화관이란 특별한 공간이 있어요. 커다란 화면과 웅장한 음향, 관람 예절, 이 모든 것이 몰입해서 영화를 감상할 수 있도록 도와줘요. 영화는 영상 미디어의 대표 주자로 수많은 사람들의 문화생활을 책임지고 소중한 추억을 제공했어요.

사전적 정의를 살펴보면, 일정한 의미를 갖고 움직이는 대상을 촬영한 영사기로 영사막에 재현하는 종합 예술(네이버 국어사전)입니다. 영사기와 영사막은 요즘 익숙하지 않을 수 있지만, 영화관을 전제로 발달한 과정을 보여줍니다.

보통 대중 영화는 1시간 반에서 2시간 반 사이의 상영 시간으로 만들어져요. 영화관 상영을 고려한 것인데, 그 범주를 벗어나 15분 이하로 구성되는 단편영화나 4시간 이상 상영되는 긴 영화도 있어요. 영화관의 상영 방식이 다변화되면서 색다른 시도도 늘어나고 있어요.

시간적 제약 속에서 인물과 배경, 서사를 압축적으로 전달하기 위해 많은 연출기법이 발전했습니다. 꼭 모든 내용을 다 풀어

내지 않아도 관람객들이 느끼게 할 수 있다면 충분하니까요. 대사와 상황 설명으로 전달하는 이야기 외에도 영상 편집, 카메라 연출, 컴퓨터 그래픽, 미술, 음악 등을 통하여 많은 내용을 담습니다. 다른 영상 미디어에도 포함되는 내용이죠. 이런 요소를 읽어내는 과정 역시 중요한 미디어 문해력입니다.

수많은 제약을 거쳐 선택된 요소들이 영화의 한 장면에 담긴다고 생각해 보세요. 조명, 물건의 배치, 카메라 각도, 배우의 움직임과 대사 하나하나가 의도된 것입니다. 그렇지 않더라도, 날카로운 편집의 칼날을 피해 간 장면이에요. 의미 없는 장면은 없다는 마음으로 본다면 더 많은 것을 발견할 수 있어요.

이동진 영화평론가는 OCN 〈어쩌다 어른〉 강연에서 영화의 첫 장면과 마지막 장면을 눈여겨보라고 이야기하기도 했습니다. 아주 짧은 순간이지만, 작품의 많은 부분을 설명하며 주제의식을 담는 경우도 많으니까요. 이는 소설의 첫 문장과 마지막 문장을 집중해서 보는 것과 비슷해요. 그 외에도 반복되는 상징, 대사, 이미지 등도 찾아보면 풍요로운 감상이 가능합니다.

카메라 렌즈라는 프레임은 한정된 시야를 담기 때문에 의도적으로 다양한 효과를 낼 수 있습니다. 관객이 대상을 바라보는 시점이기 때문에 각도에 따라 다른 느낌을 줄 수 있어요.

장면 연출 기법으로 대표적인 것은 미장센(Mise-en-scene)입니다. '장면 속에 무엇인가를 놓는다'라는 의미인데요. 장면 에서 소품 하나, 배우의 위치, 조명 등 모든 것을 다 감독이 구성한 작품으로 봅니다. 우리가 정성스럽게 사진을 찍을 때, 주변 배경을 생각하고, 소품을 준비하고, 컨셉을 잡는 것과 같아요.

감독이 직접적으로 의도했을 수 있고, 무의식이 반영되었을 수 있고, 우연적 요소가 개입했을 수도 있어요. 그럼에도 편집이란 좁은 터널을 뚫고 살아남은 장면은 독자에게 해석의 재미를 안겨주는 요소입니다.

과도한 의미 부여일 수 있지만, 대충 흘려보내는 것보다는 훨씬 낫습니다. 작품을 꼼꼼하게 살펴보며, 작품의 의미를 이해하는 생각의 근육도 단련할 수 있어요.

미장센이 하나의 장면에 담긴 의미를 이야기했다면 연속된 장면을 통해 의미를 담는 몽타주가 있습니다. 몽타주(Montage)라는 말을 들으면 범인의 얼굴이 먼저 떠오르기도 하는데요. 몽타주는 프랑스어 'monter(모으다, 조합하다)'에서 온 말로 이것저것을 오리고 붙이며 재구성하여 창조적인 의미를 만드는 방법을 말합니다. 더 익숙한 편집(editing)과 함께 사용하는 말이에요. '편집의 예술'이라는 말도 있어요. 장면 자체를 수정하기보다 나열의 순서를 통해서 의미를 전달해요.

AI 시대 미디어 문해력

예를 들어 한 소녀의 기뻐하는 얼굴을 보여준 다음 책을 보여주면, 우리는 '책을 좋아하는구나!'라는 의미를 만들어냅니다. 하지만 빵을 보여주면 '빵이 먹고 싶구나. 배가 고팠구나!'라는 또 다른 의미가 생성되죠. 마찬가지로 부모님의 모습을 보여주면 '부모님이 반가운가 보구나, 화목한 가족이구나'라는 의미를 떠올릴 것입니다. 소녀의 얼굴은 변하지 않았지만, 그 이후에 어떤 장면과 결합하느냐에 따라 의미가 새롭게 만들어집니다. 이런 몽타주 기법을 통해서 영화는 다양한 메시지를 흥미롭게 전달해요.

귀를 즐겁게 하는 음향 효과도 영화의 매력이죠. 상황에 적합한 효과음부터 작품의 분위기를 형성하고 메시지를 전하는 배경 음악까지, 작품에서 음향 효과가 주는 영향력은 점점 커지고 있습니다. 시간이 지나 영화가 잊혀도, 영화 속 배경 음악은 더욱 오래 사람들의 머릿속에 남아 있기도 해요.

넷플릭스가 쏘아 올린 큰 공

오랜 역사를 지닌 영화도 지속적으로 변화하고 있습니다. 변화하지 않을 수 없는 환경이라는 말이 적절합니다. 넷플릭스로 대표되는 OTT(Over The Top, 인터넷을 통하여 미디어 콘텐츠를 제공하는 서비스) 사이트는 미디어 생태계의 큰 변화를 불러일으키고 있어요. 다양한 기존 콘텐츠를 추천하는 서비스를 넘어 콘텐츠를 자체 제작하기도 합니다. 영화를 비롯한 다양한 작품을 제작하여 독점 상영하기도 해요.

저렴한 가격으로 집에서 영화를 볼 수 있게 된 사람들은 영화관에 가는 횟수를 줄였어요. 영화관을 가더라도 넷플릭스에서 볼 수 없는 영화, 넷플릭스로 제대로 즐길 수 없는 영화일 때 영화관을 갑니다. 영화관의 대형 스크린과 음향을 잘 활용하는 영화들을 구분해요.

이런 환경을 바탕으로 영화는 기존 2D(2차원 컴퓨터 그래픽스) 중심에서 다양한 기술을 접목한 3D(3차원 컴퓨터 그래픽스), 4D(오감 자극 효과), IMAX(초대형 고화질 스크린) 등의 영화를 꾸준히 제작하고 있어요. 많은 자본 투입과 함께 컴퓨터그래픽은 점점 더 정교해지며 영상 기술 발달을 선명하게 보여줍니다. 사람들은 '넷플릭스로 볼 영화', 'IMAX에서 봐야 하는 영화'를 나누기도 해요.

학생들을 대상으로 자주 투표해요. 가격 상관없이 '영화관에서 영화 보기' vs '넷플릭스에서 영화 보기' 그리고 이유를 묻습니다. 꽤 많은 친구가 영화관에 가는 것 자체를 부담스러워 해요. 두 시간 동안 조용히 앉아서 영화를 보는 것에 불편함을 느낍니다. 집에서 누워서 편하게 보고, 시끄럽게 떠들고, 잠시 멈출 수도 있는 시청 습관을 유지하고 싶어 해요.

AI 시대 미디어 문해력

그런 배경에서 영화관 문화도 변하고 있어요. 영화관에서 함께 노래를 부를 수 있는 따라 부르기(싱어롱)를 비롯해 다양한 콘셉트의 상영관이 선보이고 있고, 안방처럼 누워서 편하게 즐길 수 있는 프리미엄 상영관도 늘어나고 있어요. 영화관에서 느낄 수 있는 새로운 경험을 제공하기 위해서죠.

영화는 제작 비용이 많이 드는 콘텐츠입니다. 하지만 영화관의 인기가 줄어 예전만큼 수익이 나질 않습니다. 여기서 인공지능 기술이 새로운 대안을 제시하고 있어요. 기존 컴퓨터 그래픽 활용도를 넘어 생성형 AI로 많은 장면을 손쉽게 제작하고 있어요. 수많은 스태프가 촬영하러 가지 않아도 되고, 그래픽을 하나하나 손으로 제작하지 않아도 되니 큰 비용을 아낄 수 있습니다.

심지어 AI로만 만드는 AI 영화제도 열립니다. 아직 사람의 표정과 움직임을 다루는 것은 어색한 부분이 있지만, 빠르게 발전하고 있습니다. 하루 만에 영화 한 편이 뚝딱 만들어지기도 하니 신기하죠.

하지만 모두가 이런 변화를 반기는 것은 아니에요. AI의 도입으로 배우, 작가, 성우, 촬영 스태프 등 영화계 종사자들의 일자리 문제가 위협받고 있어요. 이 문제로 할리우드에서는 영화계 종사자들이 총파업에 들어가기도 했습니다. 겨우 합의하긴 했지만, 아직 풀어야 할 문제들이 많아요. 격렬한 변화를 맞이하고 있는 영화계입니다.

- 감독의 연출 기법, 영상미를 즐깁니다.
- 배우들의 연기, 대사를 음미합니다.
- 상황에 맞는 음향 효과와 배경음악에 귀 기울입니다.

미디어 생태계의 기본 뿌리

◈ 돈 벌어다 주는 살림꾼, 광고

자본주의는 광고의 시대

집을 나와 조금만 걸어 다녀도 수많은 광고를 마주하게 됩니다. 지나가는 택시에 붙은 광고 포스터, 버스를 타면 보이는 디스플레이 속 광고, 창밖을 보려 했더니 시야를 가로막는 광고, 지하철을 타려고 카드를 찍는데 보이는 작은 광고, 지하철 기다리는 그 순간에도 커다란 화면이 눈을 사로잡아요. 심지어는 지하철역 이름조차 광고입니다. ○○카드, ○○백화점, ○○병원의 이름이 뒤에 따라오죠. 말 그대로 광고 시대에 살고 있어요.

광고는 세상에 널리 알린다는 의미입니다. 무엇을 널리 알릴까요? 자본주의 시대에는 주로 상품과 서비스를 널리 알리고 팔기 위해 노력해요. 제품과 서비스가 많아질수록 소비자를 확보하기 위해 더 치열하게 광고합니다.

우리가 거의 무료로 SNS를 하고, 유튜브를 보고, 드라마와 예능, 뉴스를 시청할 수 있는 것도 다 광고 덕분이에요. 의식하든 하지 않았든 곳곳에는 광고가 있고, 그 광고비를 내는 광고주 덕분에 우리는 수많은 미디어 콘텐츠를 즐길 수 있습니다.

그래서 광고 트렌드는 빨리 변해요. 사람들이 오래 머무르는 곳을 따라 부지런히 반응하기 때문입니다. 과거 신문 광고 중심에서 TV 광고로 옮긴 후, 이제는 유튜브와 SNS 광고가 큰 인기입니다. 많은 사람이 유튜브 영상을 보고, SNS를 하며 많은 시간을 보내기 때문이죠.

TV 드라마를 예로 들면, 드라마 시작 전에 보여주는 자동차 광고와 드라마 주인공이 협찬받은 자동차를 타고 다니는 장면은 서로 다른 형태의 광고입니다. 앞에서 광고를 직접 보여준 것과 다르게, 뒤에서는 자동차를 간접적으로 보여주었어요.

유튜브를 예로 들면, 콘텐츠를 보기 전이나 중간중간 보여주는 짧은 광고와 콘텐츠 안에 포함된 광고로 나눌 수 있어요. 친애하는 유튜버 먹방을 보기 전에 신제품 치킨 광고가 먼저 나오는 방식과 유튜버가 협찬받은 신제품 치킨을 직접 먹으며 소감

AI 시대 미디어 문해력

을 말하는 방식은 큰 차이가 있어요. 유튜버들이 정산받는 비용도 매우 다릅니다.

혹시 드라마를 보다가 주인공이 사용하는 화장품을 따라 산 적이 있나요? 예능에 나오는 연예인의 옷을 따라 산 적이 있나요? 유튜버의 먹방을 보고 음식을 구매한 적이 있나요? SNS 피드를 넘기다 순간 노출된 광고의 링크를 타고 물건을 구매한 적이 있나요? 그런 적이 있다면 미디어를 무료로 즐겼다고 하기 어렵습니다.

다양한 광고의 기능

광고하면 이런 상업적인 광고를 먼저 떠올리기 때문에 피로감을 느끼고, 심지어는 광고를 혐오하는 현상까지 생겨요. TV를 보다가 광고만 나오면 리모컨으로 채널을 돌리거나 유튜브에서 광고만 나오면 skip 버튼을 누르기에 바쁘죠.

하지만 광고는 정말 다양한 기능을 가지고 있어요.

첫째, 사회복지 및 교육의 기능을 수행해요.

대표적으로 공익 광고가 있어요. 담배를 피우지 말라는 노담(금연) 광고, 스마트폰을 잠깐 내려놓으라는 디지털 디톡스 광고, 보이스피싱 조심하라는 안내 광고 등 사람들에게 바른 정보를 전달해 사고를 예방하는 데 도움을 줍니다.

하지만 잘못된 이데올로기를 전파하는 때도 있으니 비판적으로 접근해야 합니다. 과거에는 담배가 건강에 좋다는 광고도 있었고, 인종차별과 성차별을 조장하는 광고도 있었어요. 지금도 돈이 최고라는 잘못된 사상과 비현실적인 외모 기준을 정하는 광고가 논란이 되곤 합니다.

둘째, 다양한 정보를 제공합니다.

새로운 정책이 생겼을 때, 사람들에게 널리 알리고 혜택을 누릴 수 있도록 안내합니다. 내용을 몰라서 불이익을 받는 사람이 생기지 않도록 최신 정보와 메시지를 전달하지요.

이러한 정보들은 일정을 꼭 확인해야 합니다. 유효 기간이 있거나 최신화가 되지 않은 정보를 주의해서 판별해야 해요. 또, 정보를 잘못 이해하여 피해를 보지 않도록 다양한 과정으로 확인해야 합니다.

셋째, 재밌는 광고, 잘 만들어진 광고는 오락적 기능을 제공합니다.

수많은 유행어를 만든 화제의 광고들이 있어요. 수능 금지송이라 할 정도로 머릿속을 맴도는 중독성 있는 멜로디나 멋진 문구는 사람들을 즐겁게 해요.

또, 감동적인 광고는 사람들의 눈물샘을 자극해요. 제품을 알리고 많이 파는 것을 넘어 상표 인지도를 호감으로 만들어줍니다. 이런 광고는 사람들이 회피하지 않고 일부러 찾아서 보기도 해요. 광고도 하나의 재밌는 콘텐츠가 될 수 있다는 것을 증명하는 순간이죠.

넷째, 결국 수요를 자극하고 설득하는 기능이에요.

배고프지 않았는데 광고를 보고 갑자기 무언가를 먹고 싶었던 적이 있나요? 지금까지 없어도 잘 살았는데 광고를 보고 왠지 꼭 필요해진 물건이 있나요? 여러분은 결국 광고에 설득당하고 말았네요.

이 설득 과정이 정당하지 못하면 허위 광고, 과장 광고가 됩니다. 소비자를 속이고 과소비를 자극했다면 큰 죄입니다. 수많은 회사가 상품의 품질이나 성능을 과장하여 광고하고 벌금을 내고 있으니 비판적으로 접근해야 해요.

한때 유튜브에서 '뒷광고 논란'으로 시끌시끌했어요. 크리에이터들이 광고가 아닌 척 내 돈 주고 내가 산 제품인데, '정말 좋다'라고 방송에서 이야기한 많은 제품 홍보가 실제로는 광고료를 몰래 받고 소개한 상황이었어요. 많은 구독자가 배신감을 느끼고 구독을 취소했습니다. 그래서 지금은 광고 제품이 방송에 노출될 때는 '유료 광고 포함'이란 문구가 꼭 들어가도록 하고, 광고 제품을 정당하게 밝히도록 엄격하게 규정하고 있습니다.

- 미디어 속 다양한 광고의 존재를 파악합니다.
- 광고의 메시지와 기능을 이해하고 즐깁니다.
- 허위 광고/과장 광고로 인한 과소비를 주의합니다.

◈ 새로운 정보를 전하는 배달꾼, 뉴스

신뢰가 중요해

학생들에게 미디어에 관하여 인기 투표하면 항상 꼴찌를 하는 미디어가 바로 뉴스입니다. 뉴스를 좋아한다고 손을 드는 친구가 한두 명 있으면 오히려 서로 놀라요. "거짓말하지 마!"라고 장난치는 친구도 있어요. 그만큼 학생들에게는 심리적으로 거리감이 느껴지는 미디어입니다.

다른 미디어가 취미나 여가·문화생활의 하나로 여겨지는 것에 비하여 뉴스는 좀 더 무겁게 느껴집니다. 어른들의 세상으로 인식하는 때가 많아요. 넓은 의미로 공공의 관심사에 관한 새로운 소식과 정보를 의미하지만, 언론과 저널리즘이란 말로 더 구체화하기도 해요.

언론은 미디어를 통하여 어떤 사실을 밝혀 알리거나 어떤 문제에 대하여 여론을 형성하는 활동(한국민족문화대백과)을 뜻합니다. 저널리즘은 신문과 잡지를 통하여 대중에게 시사적인 정보와 의견을 제공하는 활동(두산 백과)입니다. 공통적인 의미로 '여러 사람'에게 '어떤 정보와 의견'을 '알리거나 전달'하며 많은 사람의 의견이 형성되도록 돕는 것이 미디어입니다.

우리에게 가장 익숙한 뉴스의 이미지는 아나운서가 소식을 전하는 방송 보도나 사건 현장에 나가 있는 기자, 신문 기사 등입니다. 정기 간행물로서 종이 신문이나 잡지의 이미지가 전통적으로 이어져 왔지만, 지금은 그 규모가 줄고 디지털 뉴스로 대체되었어요. 기사도 종이 신문의 지면을 벗어나 인터넷으로 배포하고, 많은 사람이 포털 사이트나 SNS로 뉴스를 접해요.

그런데도 일상 속 수많은 사건에서 일부만이 우리에게 뉴스로 전해집니다. 수많은 정보 중에 어떤 것이 가치 있는 뉴스가 될까요? 언론학자마다 조금씩 다르지만, 여기서는 전통적인 뉴스 기사의 기준 7가지(시의성, 영향성, 근접성, 저명성, 신기성, 갈등성, 흥미성)를 알아보겠습니다.

시의성은 당시의 상황이나 사정과 딱 들어맞는 성질을 의미합니다. 최근에 발생한 사건, 지금 일상과 관련된 사건이 뉴스 가치가 높다고 할 수 있어요. '최신 뉴스', '속보'라는 타이틀로 빠르게 다루려는 이유예요.

영향성은 많은 사람에게 영향을 미칠수록 뉴스 가치가 높다는 의미입니다. 한 지역 아파트의 작은 화재 사건보다 대형 산불이나 국가적 자연재해같이 영향력이 큰 사건을 더 우선시해요.

근접성은 뉴스 기사가 독자에게 지리적·심리적인 거리감이 적을수록 뉴스 가치가 높다는 것입니다. 해외 사건은 세계적인 사건으로 영향력이 클 수 있지만, 독자는 실제 가까운 곳에서 일어나는 국내 사건에 더욱 관심 있어 합니다.

저명성은 유명 인사와 관련된 사건이 뉴스 가치가 높다는 것입니다. 수많은 사람과 관련된 사건 중에서도 많이 알려진 연예인이나 운동선수, 정치인 관련 사건이 우선 보도되는 것을 자주 볼 수 있어요.

신기성은 이상하고 신기한 사건이 뉴스 가치가 높다는 것입니다. 개가 사람을 무는 것은 뉴스가 안 되어도, 사람이 개를 물면 뉴스가 된다는 농담 섞인 말도 있어요. 낯선 상황, 새로운 소식에 관심이 가니까요.

갈등성은 평화 상태보다 갈등 상태가 뉴스 가치가 높다는 것입니다. 세상에 좋은 일이 일어나지 않는 것이 아니라, 갈등 상태가 더 주목받을 뿐입니다. 사람들에게 위험한 갈등에 대비할

AI 시대 미디어 문해력

수 있도록 정보를 전달하는 효과도 있어요.

흥미성은 콘텐츠 자체의 흥미를 불러일으킬 수 있는 매력적인 내용이 필요하다는 것인데요. 사실을 기반으로 해야 하지만, 사람들의 관심을 외면할 수는 없죠. 문화계, 연예계 뉴스가 대중적인 인기도가 높은 것도 같은 맥락이에요.

뉴스에 부는 변화의 바람

지금은 디지털 뉴스로 많은 부분이 대체되면서 사람들의 빅데이터를 기반으로 한 맞춤형 뉴스 큐레이션 서비스도 많이 이루어집니다. 관심 있는 영역을 미리 설정하고, 연령대와 지역을 설정하면 그것을 바탕으로 뉴스 기사를 추천받아요. 특정 언론사나 기자를 구독하여서 관련된 기사를 우선 받아볼 수도 있어요.

종이 신문을 구독하는 사람들은 줄었지만, 뉴스레터 구독자는 늘고 있어요. 배달원이 집 앞으로 종이 신문을 던져주었던 것처럼 가만히 있어도 메일함으로 읽기 좋게 정리된 친절한 뉴스가 도착해요. 내가 원하는 주제나 성향의 뉴스레터를 구독하고 소통하며 적극적으로 이용하는 사람도 많아지고 있어요.

저 또한 사회, 트렌드, 재테크 분야를 나누어 각각 다른 플랫폼의 뉴스레터를 구독하고 있어요. 여러분에게도 뉴스레터 뉴닉(Newneek)을 추천해요. 고슴도치 캐릭터와 함께 쉽고 재미있게 세상 돌아가는 이야기를 만날 수 있답니다.

기존 언론사의 주 수입원이 신문에 실리는 기업의 광고였다면, 디지털 뉴스에선 노출 수, 클릭 수를 바탕으로 한 광고료인 경우가 많아요. 인터넷 신문 곳곳에 숨어 있는 배너 광고, 클릭 유도 광고 등이죠. 그래서 많은 사람들이 이 기사를 클릭하도록 자극적인 제목과 내용을 주로 생산하기도 합니다. 무료 뉴스 레터도 대부분 뉴스 텍스트 안에 광고가 포함되어 있어요.

사건에 대한 심층적인 이해보다는 노출과 클릭 수가 중요하기 때문에 유사한 기사를 반복적으로 제공하거나 내용과 상관없는 낚시성 제목으로 소비자를 속이는 뉴스 어뷰징(News abusing)은 인터넷 뉴스의 대표적인 문제입니다. 수 많은 인터넷 언론사가 대중에게 공익의 정보를 전달하기보다 광고 수입을 최우선시하는 상업적인 기업이 되기도 했어요.

기존 언론사들 외에 개인 SNS와 유튜브를 통해 생산되는 뉴스도 늘어나고 있습니다. 개인적으로 사건을 취재하거나, 기존 뉴스를 재구성하는 식으로 많이 이루어져요. 이러한 대안 언론의 확산은 기존 언론사들에 대한 신뢰가 무너졌기 때문이란 지적도 있습니다. 대표적으로 '유튜브 저널리즘'이라 불릴 정도로 유튜브에서 활동하는 방송인들의 영향력이 커지고 있어요. 기자가 아니지만 기자의 역할을 하는 겁니다.

AI 시대 미디어 문해력

누구나 뉴스를 만들 수 있다는 것은 동시에 아무나 검증 없이 뉴스를 만들 수 있다는 의미 이기도 합니다. 점점 더 단편적이고 자극적인 뉴스들이 많아지고, 그로 인한 가짜뉴스 문제도 심각해지고 있어요. 출처를 제대로 알 수 없고, 진짜와 가짜 여부도 확인하기 힘들고, 사회 갈등만 부추기는 혐오 뉴스는 큰 사회적 문제가 됩니다. 생성형 AI를 활용한 뉴스 콘텐츠들이 많아지면서 기사의 질이 떨어지고 있는 것도 문제입니다. 이미지도 AI가 생성하고, 글도 AI가 쓰는 기사들도 어렵지 않게 볼 수 있어요. 앞으로 기자란 직업의 미래는 어떻게 될까요?

본격적인 가짜뉴스의 시대

가짜뉴스(Fake News)는 좁은 의미에서 뉴스의 형태를 띠고 있지만, 온갖 허위 정보를 포함하고 있습니다. 과거에도 거짓말과 유언비어 등이 존재했지만, 모두가 연결된 온라인 생태계에서 그 영향력은 더욱 커지면서 피해도 상당합니다. 영향력의 범위가 점점 더 넓어지고 있어요.

특히, 사이버렉카는 가짜뉴스의 문제에서 가장 큰 골칫거리입니다. 도로에서 교통사고가 나면 다가오는 렉카(견인차)처럼, 온갖 자극적인 이슈에 달려드는 유튜버들을 부정적으로 지칭하는 말이에요. 사실 확인 없이 과장하고 왜곡하여 정보를 퍼뜨리고, 개인의 사생활을 침해하고 명예를 훼손하는 때도 많아요. 대부분 대중의 관심을 끌고 이익을 얻기 위한 행위이기에 주의해야 합니다.

인공지능 시대에 가짜뉴스는 더욱 진짜 같은 가짜, 딥페이크(Deepfake)를 만들어냅니다. 딥러닝(Deep Learning)과 페이크(Fake)의 합성어로 정교한 이미지 합성 기술을 의미해요. 유명 정치인, 연예인부터 시작하여 일반인의 얼굴과 행동까지도 그럴듯하게 만들어냅니다. 사람의 눈으로는 구별하기 힘들 정도예요. 없던 말도 지어내고, 아니 땐 굴뚝에도 연기를 낼 수 있는 세상이에요.

일상 속 미디어 생활에 익숙한 우리는 습관적으로 경계하는 자세를 가져야 합니다. 가짜뉴스 예방 수칙을 함께 알아보겠습니다.

첫째, 해당 정보에 대한 출처를 확인합니다.

SNS를 떠도는 근본 없는 정보부터, 낯선 이름의 인터넷 신문사는 우선 판단을 보류해요. 해당 기자가 작성한 다른 기사를 살펴보고 기자를 파악하는 방법도 있어요. 대형 언론사라고 해도 그 성향과 의도를 생각합니다. 또 AI로 제작된 콘텐츠는 누구나 쉽게 제작할 수 있기 때문에 더욱 의심할 필요가 있어요.

둘째, 다른 뉴스를 교차 검증합니다.

AI 시대 미디어 문해력

인터넷에 해당 정보를 검색해 보고, 같은 내용이 다른 언론사에도 반복되어 나오는지 확인해요. 다른 곳에서 다루지 않거나, 다르게 보도한다면 의심해 봐야 합니다. 이 교차 검증은 습관적으로 하면 좋아요. 'ChatGPT'에 어떤 내용을 검색하더라도, 그 내용을 바로 믿지 말고 '제미나이'와 '뤼튼' 등 다른 AI 플랫폼에 교차 검증할 필요가 있어요. 같은 질문을 해도 서로 다른 대답을 말한다면 다시 한번 확인해야겠죠.

셋째, 기사의 댓글을 확인합니다.

거짓 선동을 일삼는 댓글도 많지만, 다른 사람의 반응을 살펴볼 수 있는 통로이기도 해요. 기사의 내용을 입체적으로 바라볼 수 있는 좋은 댓글도 있어 판단에 도움이 되기도 합니다. 몇몇 학생은 리뷰를 먼저 보고 나서 옷을 사듯, 댓글을 먼저 읽은 후에 반응이 괜찮으면 기사를 읽는다고 했어요. 하지만 댓글도 여러 의견 중 하나이기 때문에 참고만 해야 합니다.

넷째, 공유하거나 전할 때 주의합니다.

클릭 몇 번으로 누군가에게 뉴스를 공유하는 것이 가능한 세상이에요. 하지만, 나의 경솔한 공유나 댓글이 가짜뉴스를 유포하는 행위가 될 수 있다는 점을 항상 명심해야 합니다. 내가 전한 '~카더라' 라는 통신이 누군가를 또 혼란스럽게 할 수 있으니까요.

사실 개인이 가짜뉴스를 모두 점검하는 데에는 많은 어려움이 있습니다. 전문적인 부분, 명확하지 않은 부분도 많기 때문이죠. 그래서 팩트체크 사이트를 활용하거나, 많은 언론사에서 기획한 팩트체크 콘텐츠로 사실 여부를 점검하기도 합니다.

우리도 항상 입체적 관점을 유지할 필요가 있습니다. 단순하게 진짜냐 가짜냐를 넘어 이 내용을 통해 '누구에게 이익이 가는가?', '왜 만들어졌는가?', '어떤 의도가 숨겨져 있지는 않은가?' 등등 좀 더 깊이 있게 바라보는 겁니다.

ⓘ 뉴스 읽기 Tip

- 실제 일어난 일인지, 추측성 보도인지 구분합니다.
- 같은 기사의 내용을 다른 곳에서 찾아봅니다.
- 이 뉴스가 누구에게 이익이 될지 생각합니다.

AI 시대 미디어 문해력

03

직관적이고 주체적인 재미

쉽고 직관적인 매력, 만화와 웹툰

만화를 만만하게 보지 않기

학습만화로 만화에 입문하는 아이들이 많아지고 있어요. 과거에도 역사를 만화로 그려낸 작품이 인기가 많았는데, 지금은 과학, 인물, 일상, 수학, 영어, 한자 등등 다양한 주제를 만화로 표현해요. 재미도 있으면서 공부가 되는 효과를 누릴 수 있으니, 아이와 부모님 모두가 좋은 선택입니다.

하지만 따지고 보면 만화와 학습은 연결이 매끄럽지 않아요. 우리에게 친숙한 만화의 의미를 한자어로 풀어보면 생각나는 대로, 아무렇게나, 멋대로 그린 그림이라는 뜻입니다. 이전부터 사람들은 만화를 가벼운 미디어, 아이들이나 보는 미디어라고 인식했어요. 하지만 지금은 누구나 즐기는 미디어죠.

과거에는 신문, 잡지, 단행본 등의 인쇄 매체에서 주로 볼 수 있었다면, 인터넷이 발달하면서 웹이나 모바일에서 볼 수 있는 웹툰이 활발하게 제작되고 있습니다. 그리고 그 인기는 점점 커지며 만화가, 웹툰 작가의 위상도 높아지고 있어요.

미디어마다 각자의 표현법을 가지고 있는데, 만화는 그중에서도 기호화된 표현법이 잘 발달해 있어요. 화장실을 나타내거나 안내판에 사용되는 그림이 대표적인 예입니다. 만국 공통의 언어라고도 하는 직관적 상징성이 독자의 접근성을 높여줘요.

물론, 만화만의 장르적 문법도 있습니다. 더 깊은 의미를 담고, 복잡한 해석이 필요한 부분도 있죠. 글로 많이 설명할 수 있는 것도 아니고, 영상으로 쭉 보여줄 수 있는 부분도 아니니까요. 만화적 장르 문법에 익숙하지 않은 사람은 놓치고 지나가는 부분이기도 해요.

만화의 특징 중 하나는 컷과 컷 사이를 독자의 상상으로 연결해야 한다는 사실이에요. 장면을 쭉 연결하면 애니메이션이 되겠지만, 그전에는 독자의 머릿속으로 장면을 완성해야 합니다. 생동감 넘치는 만화는 '한 편의 영화 같아요'라는 댓글이 달리곤 해요.

AI 시대 미디어 문해력

웹툰의 시작은 대한민국

지금 '만화' 하면 '웹툰'이 먼저 떠오르고 '만화가' 하면 '웹툰 작가'를 연상하지요. 그만큼 웹툰의 영향력은 굉장합니다. 웹툰은 인터넷을 뜻하는 웹(web)과 만화를 뜻하는 밑그림(cartoon)이 합쳐진 말이에요. 웹툰 생태계가 제대로 정착한 것은 우리나라가 최초라고 할 수 있어요.

현재 웹툰은 한류 문화 열풍을 일으키는 문화콘텐츠 중 하나로 인정받고 있습니다. 단순히 종이로 그린 그림을 스캔하여 인터넷에 올린 것이 시작이었어요. 스마트폰 시대에 잘 적응해서 지금은 모바일 환경 중심으로 큰 인기를 누리고 있어요.

과거 단행본 중심의 만화책 이용에 비하면 웹툰은 대부분 주 단위 연재 방식으로 진행됩니다. 애타게 기다리는 마음은 같지만, 그때와의 차이점이 있어요. 바로 댓글을 바탕으로 한 실시간 소통입니다. 이 댓글 속에서 사람들은 서로 공감하며 비판하고, 다음 내용을 추론하며 토론해요.

많은 작가가 인터뷰에서 독자의 댓글을 꼼꼼하게 읽어 보며 의견을 참고한다고 이야기했어요. 독자는 자신의 목소리를 적극적으로 내고 작품에 참여하며 열성팬을 형성합니다. 따끔한 목소리와 냉혹한 별점 평가를 하기도 하죠. 저 또한 웹툰을 읽고 다른 독자가 남긴 댓글을 즐겨 봅니다. 웹툰을 단행본 만화책으

로 읽다가, 사람들의 반응과 댓글이 궁금해서 다시 웹툰을 찾아
본 적도 있어요.

웹툰은 형식 면에서도 기존 만화 문법과 다른 새로운 시도를
많이 하고 있습니다. 기존의 만화는 한 페이지에 여러 컷을 나누
고 가로 방향으로 이야기를 전개하였습니다. 복잡한 세계관과
내용을 전달하기 위한 텍스트의 양도 많았어요.

초기 웹툰은 이러한 만화책을 스캔하여 그대로 컴퓨터 화면
에 옮기는 방식이었기에 큰 차이가 없었습니다. 접근하는 방식
의 차이였죠. 불법 스캔 논란도 많았어요. 하지만 현재 웹툰은
모바일 환경을 중심으로 재구성하여 많은 변화를 느낄 수가 있
어요.

10년 이상 연재된, 오래된 웹툰을 보면 그 역사적 변화 과정이
보입니다. 만화책은 종이를 왼쪽이나 오른쪽으로 넘기며 읽으
니 가로 방향으로 이야기가 전개돼요. 반면에 스마트폰 화면은
위아래로 스크롤을 조절하니 이용자의 사용 패턴에 따른 변화
가 필요했어요. 그래서 대부분 모바일의 한 화면을 한 장면으로
하며 스크롤을 내리는 방향인 세로로 이야기가 전개됩니다.

이러한 변화를 통해 컷의 경계를 허문 다양한 시각적 효과를
구현할 수 있었지요. 주인공이 아래로 떨어지는 장면, 미사일을

AI 시대 미디어 문해력

발사하는 장면, 광활한 우주의 장면 등에서 페이지의 한계를 벗어난 연출을 통해 몰입감을 높였습니다.

그 외에도 디지털 기술을 바탕으로 배경 음악을 담는다거나, 애니메이션과 같이 움직이는 효과를 추가해요. 또 서로 작용하는 요소를 담아 독자의 반응을 이야기에 반영하는 효과 등을 더해 입체적인 감상을 제공해요.

흥미로운 변화 중 하나는 텍스트의 양입니다. 과거보다 텍스트 양이 현저히 줄었어요. 그리고 한눈에 보일 수 있도록 텍스트 크기가 커졌습니다. 글자가 이미지화되었어요. 같은 웹툰도 과거 PC로 보던 환경과 다르게 스마트폰이란 이용 환경에 맞추어 빠르게 변했어요.

초기 웹툰은 작가의 개인 홈페이지에서 접할 수 있었고, 대형 포털 사이트의 무료 콘텐츠로 알려지며 인기를 얻기 시작했습니다. 포털 사이트는 사용자를 유혹하는 도구로 무료 웹툰을 활용했어요. 이렇게 이용자의 접속률과 체류시간을 늘리며 다양한 광고 수익을 올릴 수 있었죠. 이 광고 수익으로 웹툰 작가에게 원고료를 지급했어요.

이렇게 무료 웹툰은 높은 접근성으로 많은 사람에게 사랑을 받았으나, 창작자에게 돌아오는 수익은 불안정했습니다. 포털 사이트도 몇 개의 인기 작품 외에는 웹툰의 가치를 제대로 정산해 주지 않았습니다. 그래서 인기도에 따른 수익 격차가 점점 심해졌어요.

현재는 무료 웹툰도 미리 보기 유료 서비스, 직접 상품 광고, 관련 상품 제작 등으로 수익성을 다각화하고 있어요. 유료 웹툰 사이트도 자리 잡고 있고요. 문제는 아직 남아 있지만, 조금씩 창작자를 위한 방향으로 나아질 것을 믿습니다. 만화가는 가난하다는 과거의 인식을 넘어 현재 웹툰 작가는 인기 직업으로 떳떳하게 인정받고 있어요.

이러한 웹툰의 인기를 바탕으로 인기 콘텐츠들은 드라마, 영화, 게임, 이모티콘, 음악 등 다른 미디어로 다양하게 확장하고 있어요. 드라마나 영화화가 되면 원작 웹툰이 다시 주목받으니, 서로가 도움이 됩니다.

웹툰의 확장성에는 몇 가지 이유가 있어요. ①접근성 높은 콘텐츠로 이미 많은 독자에게 알려져 있다는 것. ②그림을 바탕으로 하여 영상 전환이 수월하다는 것. ③젊은 세대의 취향을 반영한 유행하는 소재를 많이 다루고 있다는 것입니다.

인기 있는 웹툰은 '영화나 드라마를 만들어 주세요'라는 독자의 댓글을 많이 볼 수 있고, 자발적으로 가상 캐스팅 놀이를 즐기기도 해요. 다양한 열성팬용 상품을 제작하고 전시회를 하고, 유명한 가수와 협업하여 음악을 만드는 등 사업 영역도 점점 넓

AI 시대 미디어 문해력

혀가고 있습니다.

최근에는 처음 기획 단계부터 같은 세계관을 바탕으로 웹툰과 영화를 동시 제작하기도 해요. 웹툰의 연재 방식으로 단편적인 영화의 세계관을 확장하고 보완하는 역할을 합니다. 독자가 작품을 즐길 수 있는 길도 다양해집니다.

물론, 영향력이 커질수록 문제도 드러납니다. 어린 학생도 쉽게 접근할 수 있는 콘텐츠 안에 폭력적이거나 선정적인 요소가 늘고 있어요. 이런 자극적인 작품이 사람들의 관심을 유발하며 인기를 누립니다. 그럼 비슷한 계열의 작품이 많아지고 대사나 묘사가 더 자극적으로 변하는 악순환에 빠져요.

일부 웹툰이 혐오와 갈등, 성차별적 인식을 조장하는 표현으로 많은 논란이 되기도 했고, 이에 대해 과도한 검열은 예술성을 죽인다며 반발하는 사람도 있었어요. 연재하는 플랫폼의 책임감을 요구하는 목소리도 커지고, 플랫폼도 자체 심의를 하지만 완벽하진 않아요. 커지는 영향력의 무게감을 느끼며 건강한 웹툰 문화를 위해 작가와 독자, 플랫폼 운영자 모두가 함께 노력해야 합니다.

ⓘ 웹툰 읽기 Tip ·····································

- 이야기를 표현하는 그림의 맛을 즐깁니다.
- 연출 기법, 그림의 구도를 관찰합니다.
- 작품의 의미를 해석하고 내용을 추론하고 댓글로 소통합니다.

◈ 참여와 경험, 게임

게임의 빛과 그림자

우리나라 사람들은 게임을 잘합니다. 왜 그런지 모르겠지만 예전부터 그랬어요. 제가 중학생일 때는 '스타크래프트'라는 게임이 인기였는데, 그때도 세계 대회에서 우리나라 선수들이 우승했어요. 심지어 어떤 대회는 1~3위가 다 우리나라 선수였던 적도 있어요. 지금도 e-스포츠 종목에서 우리나라 선수의 활약은 대단하죠.

게임은 넓은 의미로 놀이의 개념, 스포츠의 개념으로 다루어지기도 합니다. 국어사전에서도 게임은 규칙을 정해 놓고 승부를 겨루는 놀이, 운동 경기나 시합으로 설명하고 있어요.

과거에는 윷놀이, 바둑이나 장기, 체스에서 시작해서, 각종 스포츠, 보드게임을 비롯한 오프라인 게임이 중심이었습니다. 하지만 지금 미디어 콘텐츠로서의 게임은 주로 컴퓨터, 콘솔, 스마트폰 등으로 하는 디지털 게임을 떠올려요. 그 영향력 또한 점점 커지고 있죠. 그래도 게임의 핵심 개념이 이용자의 참여라는 점에는 변함이 없습니다.

디지털 게임은 복합적인 이미지를 갖고 있는 미디어입니다. 누군가는 게임이라고 하면 자극적인 이미지와 영상, 과몰입으로 인한 부정적인 이미지를 먼저 떠올려요. 또 누군가는 즐겁고 흥미로운 경험, 친구들과 함께한 경험을 떠올립니다. 게임을 단순하게 시간 때우기용으로 생각하기도 하지만, 탄탄한 스토리 구조와 복합적인 기술을 반영한 종합 예술로 받아들이고 있습니다.

상반된 인식 속에서 게임 산업은 점점 커지고 있으며 사람들의 일상에도 깊이 스며들고 있습니다. 그만큼 수많은 게임이 쏟아지고 있으며, 곳곳에서 게임 관련 광고를 만날 수 있어요. 과거에는 상상도 못할 규모의 게임 광고가 만들어지고, 유명한 연예인이 등장한다는 것은 그만한 영향력이 있다는 뜻이에요.

다양한 미디어 중 게임의 성격을 잘 보여주는 중요한 개념 중

하나가 자유도입니다. 게임의 이용자(user), 플레이어(player)는 독자, 시청자, 방청객, 관람객, 소비자보다 좀 더 적극적인 존재예요.

자유도가 높을수록 게임 안에서 주체적으로 행동할 수 있어요. 정해진 규칙이 있지만, 그 안에서 주어진 선택에 따라 새로운 길을 만들 가능성도 있습니다. 롤플레잉처럼 자유도가 높은 게임은 독자에게 새로운 세상을 경험하게 해줍니다.

이렇게 새로운 길을 만들어가는 과정에서 또 다른 즐거움을 찾게 되고, 이것을 공유하며 문화를 만들어요. 단순하게 주어진 대로 실행하기보다, 직접 문제를 마주하고 해결하며 성취감을 얻는데 게임의 진정한 즐거움이 있습니다.

인터넷의 발달로 디지털 게임도 많은 변화를 겪었습니다. 과거에는 프로그램된 미션을 혼자 격파하는 방식이 주를 이루었다면, 지금은 다른 사람과 대전하거나 함께 임무를 수행하는 게임이 많아졌어요. 정해진 컴퓨터의 패턴을 상대하는 것보다 훨씬 다양한 즐거움을 느낄 수 있게 되었습니다. 더불어 새로운 인연을 만나서 사회화하는 과정도 겪게 됩니다.

물론, 부정적인 면도 있습니다.

익명성을 전제로 한 폭언과 혐오 발언이 난무하여 이용자에게 정신적 상처를 주기도 하지요. 협력의 과정도 배우지만 비난과 갈등의 과정도 따라옵니다. 온라인에서의 갈등이 오프라인으로 이어져 사회 문제가 되기도 해요.

폭력적인 게임을 하면 이용자는 어떤 영향을 받을까요? 그 영향을 받아 현실에서도 폭력성을 드러낼까요? 아니면 폭력성을 해소할 수 있는 창구가 생겼기에 현실에선 더욱 안정될까요? 이는 오래된 논쟁이며 많은 연구를 진행하고 있지만, 명확한 결론은 아직입니다. 그만큼 어려운 문제이기에 더 주의해야 해요.

이어서 게임 중독 문제가 사회적으로 큰 논쟁거리가 되기도 했어요. 게임에 과도한 시간을 빼앗기며 일상이 무너지는 상황은 큰 문제지만, 게임을 금지하는 방법이 현명한 해결책은 아니에요. 특히, 게임 산업은 우리나라의 중요한 문화콘텐츠 자원이기도 해요. 우리나라 사람은 게임을 잘 만들기도 하니까요.

게임하면서 소통은 더욱 활발해지고 있으며, 게임 문화가 젊은 세대의 유행어를 비롯한 사회 문화 트렌드를 선도하기도 합니다. 결국 게임의 장단점을 명확하게 인지하고, 현명하게 즐길 수 있어야 합니다. 건강한 문화 형성이 꼭 필요한 시기예요.

우리는 모두 게임하고 있다? 게이미피케이션

참여를 핵심으로 하는 게임은 '경험을 제공한다'라는 면에서 큰 매력을 갖고 있어요. 게임의 플레이어는 게임하면서 일어난 일을 자신이 직접 한 일이라고 느끼며 현실과 똑같은 성취감을 느낍니다. 참여와 몰입, 소통과 연결 그리고 즉각적인 보상으로 인해 성취감을 얻지요.

예를 들어, 레벨 업을 위한 나의 플레이는 고생이라고 할 수 없습니다. 스스로 몰입하여 즐겁게 하는 것이니까요. 그리고 지루하고 지칠 때쯤에 경험치와 코인이라는 보상이 즉각 이루어지기 때문에 성취감을 느낍니다. 이는 다음 플레이의 원동력이 돼요. 나의 아바타라고 할 수 있는 캐릭터는 점점 더 강해지고, 멋있어지며 나는 대리 만족을 느낍니다. 게임을 잘할수록 게임 속 커뮤니티에서 영향력도 커지며 뿌듯해지죠. 자연스럽게 게임 밖 일상생활에도 영향을 미칩니다.

게임의 영향력이 커지면서, 다른 영역에서도 게임의 특성을 적용하려고 해요. 재미를 느끼면서 경쟁하고 보상을 받다 보면 번거로운 일도 주체적으로 즐겁게 할 수 있다는 '게이미피케이션(gamification) 이론'이 교육·경제·사회 등 전반에 활용되고 있습니다.

일상 속 마케팅에서도 많이 만날 수 있어요. 우리가 어떤 물건을 사면 우리에게 일정 부분의 포인트와 구매 확인 스티커가 찍힙니다. 포인트는 즉각적인 보상이라고 할 수 있고, 스티커는 일종의 경험치입니다. 이 스티커가 일정 수준 모이면 우리는 등

급이 올라가요. 이 등급은 장기적인 보상인 '레벨 업'이라고 할 수 있어요. 레벨 업을 위해서 우리는 꾸준히 스티커를 모아야 합니다.

그리고 종종 이벤트가 열리고, 우리에게 쿠폰과 한정판 굿즈 같은 혜택을 줍니다. 이것이 게임에서 주어지는 이벤트, 아이템 등이죠. 우리는 쿠폰을 활용하여 스티커를 열심히 모아요. 하나의 놀이처럼 우리는 이 과정을 즐기기 시작하는 것이죠.

사람들이 몰입하여 게임을 하듯, 쇼핑하면서도 몰입하도록 유도해요. 제작자 입장에서는 이용자가 과몰입하면 좋지만, 이용자는 일상이 파괴될 수도 있으니 조심해야 합니다. 게임에서 과몰입이 사회적 문제이듯, 이 매력적인 특징에 과하게 빠지지 않도록 조절해야 해요.

게임을 즐기는 요즘 세대에게 중요한 것은 주어진 세계관에서 자신의 역할을 주체적으로 해내는 과정입니다. 이들에게 불합리한 시스템이나 과도한 개입은 건의해서 바꿔야 할 대상이에요. 세계관 균형을 무너뜨리니까요.

일상에서 많은 것이 게임의 문화를 닮아가고 있으며 사람들의 인식을 바꾸고 있습니다. 이러한 주체성을 긍정적인 방향으로 승화시켜 건강한 사회 발달의 원동력으로 삼아야 합니다.

그러기 위해선 게임을 단순 오락으로 가볍게 즐기기보다 좀 더 풍요롭게 즐길 수 있는 능력이 필요합니다. 세계관을 깊이 있게 이해하고, 그 속에서 역할을 충실히 해내며 더 나은 세계관을 만들기 위해 노력하는 것이죠. 재미와 의미를 동시에 즐길 수 있는 능력이 더욱 필요한 미디어가 바로 게임입니다.

ⓘ 게임 읽기 Tip

- 게임의 세계관을 이해합니다.
- 독창적인 전략을 구상하고 실현합니다.
- 협력과 대립 관계에서 건강하게 소통합니다.

04

크리에이터 시대의 시작

◈ 또 다른 만남의 광장, 소셜 미디어

서로를 이어주는 연결고리

소셜 미디어는 지금 우리에게 익숙한 용어입니다. 그러나 개념적으로는 상당히 모호합니다. 국어사전에는 자기 생각과 의견, 경험, 관점 등을 공유하기 위해 사용하는 개방화된 온라인상의 콘텐츠라고 정의하고 있어요. 하지만 지금 우리가 즐기는 미디어의 대부분은 이런 특성이 있어요.

대표적인 소셜 네트워크 서비스(SNS)라고 하면 블로그, 카카오톡, 페이스북, 인스타그램, 틱톡, 스레드(Threads) 등의 플랫폼을 떠올려요. 누군가는 카카오톡은 메신저지 SNS가 아니지 않냐고 하고, 누군가는 유튜브는 왜 없느냐고 물어요.

유튜브의 숏츠, 인스타그램의 릴스, 틱톡의 숏폼은 동영상에서 모두 비슷하지요. 이러한 앱을 바탕으로 하면 유튜브도 SNS라고 할 수 있습니다. 유튜브로 영상을 올리기만 하는 것이 아니라 적극적으로 커뮤니티를 만들고 소통 하니까요. 대신 미디어 황태자인 유튜브는 중요하기 때문에 살짝 분리해서 다루도록 할게요.

전반적으로 플랫폼들도 계속 업데이트되기에 그 특징을 분명하게 정의하기 어렵습니다. 그래서 전통적인 소셜 미디어의 특징인 참여, 자기 노출, 개방, 연결부터 살펴볼게요.

소셜 미디어 플랫폼은 기본적으로 콘텐츠를 자체 제작하기보다 판을 깔아주는 역할을 합니다. 그 제한된 형식 안에서 이용자가 자발적으로 콘텐츠를 제작하고, 이를 공유하며 즐길 수 있도록 설계되어 있어요. 기존 미디어에서 특정 운영자가 콘텐츠를 제작하고, 이용자가 소비하는 방식과는 큰 차이가 있습니다.

이 소셜 미디어 콘텐츠의 가장 큰 특징 중 하나는 자기 생각이나 모습, 관심사, 일상 등을 자유롭게 노출한다는 점이에요. 좀 더 개인적인 성향의 콘텐츠입니다. 과거에는 연예인이나 정치인, 전문가나 되어야 대중 앞에서 자신의 이야기를 하곤 했어요. 그중 일부는 그것도 부담스러워 피하고, 일부 기자가 몰래 취재

AI 시대 미디어 문해력

하여 공개하기도 했습니다. 하지만, 지금은 유명하지 않은 일반
인도 자신을 노출하는데 거침이 없습니다. 오히려 이런 솔직함
이 인기 요소가 되기도 해요.

이러한 자기 노출의 콘텐츠는 온라인에서 많은 사람에게 개
방됩니다. 집에서 쓰고 혼자 읽는 일기와는 달라요. 친한 사람과
몰래 나누는 비밀 이야기와도 다릅니다. 불특정 다수의 수많은
사람들에게 공개되는 콘텐츠입니다. 자랑하고 싶은 이야기도
많지만, 그렇지 않은 이야기도 있어요. 소셜 미디어는 그 모든
것이 공개되는 개방적인 공간입니다.

그리고 개방된 공간 속 콘텐츠는 다른 사람과 연결고리가 됩
니다. 소셜 미디어 속에서 자기 노출을 바탕으로 한 콘텐츠는 서
로의 첫인상이자 취향이 되고, 대화의 소재가 됩니다. 이 연결은
다양한 제약을 넘어서 관계를 형성해요. 네트워크 속에서 세계
여러 나라의 사람이 클릭 몇 번으로 연결된 것입니다. 이 연결
에서 일어나는 상호 소통은 또 다른 콘텐츠가 되고, 서로에게 영
향을 미치며 플랫폼은 성장합니다.

플랫폼에서 소통하며 중간중간 광고를 보고, 물건을 구매합
니다. 플랫폼은 이용자의 정보를 바탕으로 한 맞춤형 광고로 큰
수익을 올려요. 그리고 수익을 바탕으로 서비스를 개선해 이용
자가 떠나지 않도록, 더 많이 참여하고 즐기도록 노력합니다.

인터넷이 생긴 이후에도 서로 연결되고자 한 사람들의 욕구는 지속되었어요. 그것과 지금 형성된 소셜 미디어의 차이 세 가지를 고르자면 팔로잉을 통한 구독 모델, 다른 사람의 최신 소식을 바로 볼 수 있는 뉴스피드, 같은 관심사로 연결되는 해시태그(#)와 알고리즘을 이야기할 수 있어요.

과거 홈페이지와 비교해 보면, 우리는 자주 가는 사이트를 즐겨찾기에 등록하고 시간을 내서 그 사이트에 방문했어요. 깜빡하고 방문하지 않으면 최신 소식을 놓치기에 부지런히 돌아다녀야 했습니다.

하지만 지금 SNS는 이용자가 관심 있는 사람, 브랜드, 기관 등을 구독하면 그 계정의 최신 정보가 이용자의 뉴스피드에 자동으로 등장해요. 직접 돌아다니지 않아도 잘 정리되어 나에게 전달되는 시스템이 구축된 것입니다.

우리가 수많은 사이트를 즐겨찾기에 등록하지만, 절반 이상의 사이트는 자주 접속하지 않습니다. 하지만 자동으로 그들의 정보가 나에게 전달된다면 굳이 거부할 이유가 없겠죠. 그만큼 편리해졌어요.

나아가서 검색할 때도, 해시태그를 통해 공동의 관심사를 쉽게 찾을 수 있어요. 처음에는 관련 정보를 묶는 용도로 많이 사용되었지만, 지금은 자신의 관심사를 표현하는 키워드나 강조의 메시지 등 다양한 용도로 활용됩니다.

심지어는 알고리즘이 자동으로 관심 주제의 게시물을 추천해 주고 이어줍니다. 여러분이 남긴 반응 데이터를 참고한 추천 리스트는 꽤 만족스러울 거예요. 그렇게 맞춤형 관계를 형성해 나갑니다.

최근 드라마나 영화에서 권위적이고 위협적인 존재를 상대하는 방법으로 SNS가 많이 활용됩니다. 총을 들고 있는 것처럼 스마트폰을 들고 촬영된 영상을 SNS에 올리겠다고 위협하면 상대방은 쩔쩔매곤 하죠. 수많은 사람들에게 진실을 알리고 여론을 형성하는데 SNS의 영향력이 어마어마하다는 사실을 반영한 내용입니다. 실제로 언론을 통제하는 몇몇 나라의 폭력적인 상황이 SNS를 통해 드러나며 세계적인 비난을 받은 적이 있어요. 이렇게 SNS라는 미디어는 조금 더 많은 사람의 목소리에 귀 기울이는 사회를 만들어 줍니다.

서로를 상처 주는 검은 손길

좋은 점만큼 문제점도 많이 있습니다.

첫째, 허위 정보와 혐오 발언을 비롯한 부정적인 메시지 확산입니다.

누구나 메시지를 생산할 수 있다는 것은, 아무나 할 수 있다는 것과 다르지 않아요. 자유롭게 다양한 이야기를 나눌 수 있다는 것도 누군가에게 피해를 준다면 더 이상 장점이 아닙니다. 상대방을 공격하는 근거 없는 메시지, 혐오를 조장하는 발언과 차별 메시지 등이 수없이 생산되는 공간으로 SNS가 이용되기도 해요.

최근에는 AI 제작 기술을 통한 허위 정보가 큰 문제입니다. 너무 감쪽같이 만드는 가짜 이미지와 영상 때문에 참과 거짓을 구별하기 힘들어요. 댓글에서 "이거 AI인가요?"라고 묻는 질문을 자주 볼 수 있어요. 소셜 미디어 플랫폼에서도 책임감을 갖고 허위 정보와 부적절한 메시지에 대해 검열을 하고 있지만, 문제 해결이 쉽지 않습니다.

둘째, 개인정보 노출에 대한 위험성입니다.

자기 노출의 콘텐츠는 진정성 있는 관계에 유용하지만, 누군가는 정보를 범죄 도구로 활용하기도 해요. 또, 수많은 계정이 해킹을 당하며 소중하게 쌓아 온 콘텐츠를 잃어버립니다. 이렇게 해킹한 계정으로 주변 사람에게 돈을 빌려 달라거나, 사진을 요구하면서 사기가 벌어집니다.

그 외에도 고객의 개인정보를 해킹하여 다른 기업에 팔아넘기는 사건이 생기기도 하고, 보이스피싱에 이용하기도 해요. 과도한 정보 공유는 범죄 세력의 대상이 될 수 있으니 주의해야 해요. 서로의 신뢰가 무너지며 SNS가 범죄의 공간으로 변하기도 합니다.

셋째, 이용자의 심리적 피로감입니다.

이용자는 SNS에 접속되어 있지 않은 상태에 불안함을 느끼며 수시로 게시물을 확인합니다. 그리고 수많은 광고 콘텐츠와 다른 사람의 게시물 속에서 피로감을 느껴요. 다른 사람의 콘텐츠를 본인의 현실과 비교하며 상대적 박탈감을 느끼기도 합니다.

콘텐츠를 올리면서 '어떤 모습을 올려야 반응이 좋을까?'를 생각하며 스트레스 받기는 마찬가지입니다. 다른 사람에게 보여주고 싶은 모습과 현재 자신의 모습 간의 격차가 자신감을 떨어뜨리기도 해요. 과도하게 플랫폼에 매달릴수록 모두가 즐기지 못하고 피로해집니다.

넷째, 인간 관계로 인한 갈등입니다.

온라인의 인간 관계에서도 실제 인간 관계처럼 심각한 갈등을 겪고 상처 입습니다. 수많은 악의적 댓글부터 사이버 불링 (Cyber Bullying)이라는 새로운 집단 따돌림과 폭력이 등장하여 이용자에게 헤어나올 수 없는 고통을 주기도 합니다. 의도적으로 접근하는 나쁜 인간 관계도 위험 요소이지요.

좋은 관계만 이어지면 좋겠지만, 나쁜 관계도 피할 수 없어요. 특히, 익명의 공간에서는 나쁜 의도를 가지고 접근하는 사람이 많습니다. 과도한 개인정보를 요구한다거나, 노출 사진을 보내

달라고 하거나, 돈을 빌려달라고 한다면 무조건 의심해야 합니다. 누가 그런 수법에 당하겠냐고 생각하지만, 외롭고 힘들어 마음이 약해질 때 더 쉽게 흔들리니 조심해야 해요.

이러한 문제점 때문에 청소년 SNS 이용 규제안에 관한 이야기도 나와요. 부모님의 허락을 받아야 하거나, 이용 시간을 강제로 제한하거나, 외부 계정과의 연결을 차단하는 등 다양한 방법을 제시하곤 합니다. 하지만 우리 생활 속에서 소셜 미디어를 금지한다고 문제가 해결되지는 않아요. 우리가 그 영향을 어떻게 받아들이고 행동할지 적극적으로 고민해야 할 때입니다

ⓘ 소셜 미디어 읽기 Tip ··

- 익명 속에 숨지 않고 상대방을 존중합니다.
- 게시물 속 다른 사람의 삶과 비교하고 상처받지 않습니다.
- 좋은 관계와 나쁜 관계를 구분하며 현실과 긍정적인 영향을
  주고 받습니다.

AI 시대 미디어 문해력

◆ 작지만 큰 영향력, 개인 방송

기존 방송과 개인 방송의 차이

최근 미디어에서 가장 큰 영향력을 미치고 있는 플랫폼은 유튜브입니다. 그리고 유튜브에서 콘텐츠를 제작하고 공유하는 유튜버 크리에이터도 많은 인기를 누려요. 많은 학생의 장래 희망이 크리에이터 유튜버라는 기사를 보았는데, 직업을 가진 많은 일반인도 이 분야에 도전하고 있습니다.

기존 연예인도 모두 개인 방송을 하는 경우가 많으니 그 영향력이 급속도로 커지고 있어요. 방송국에서 불러 주지 않아도 기죽지 않고 스스로 방송할 수 있는 것이 큰 장점이라고 말하는 개그맨도 있었어요. 더 이상 일반인만의 영역이 아니지요.

개념이 명확하게 잡히지 않아 1인 방송, 1인 미디어, 개인 방송 등 부르는 말이 다양하지만, 모두 방송국을 통한 기존의 제작·송출 시스템이 아닌 온라인을 통해 개인이 제작하고 송출하는 방송을 폭넓게 이야기합니다. 큰 방송국이 아닐 뿐이지, 개인이 1인만을 뜻하지는 않아요. 팀 단위로도 많이 활동합니다. 그 인기의 비결은 무엇인지 살펴보겠습니다.

개인 방송의 특징을 크게 접근성, 다양성, 실시간 소통, 수익성으로 나눌 수 있어요.

첫째, 누구나 부담 없이 시도할 수 있는 높은 접근성입니다.

방송을 시작하는데 진입 장벽이 낮아 어린이부터 어르신까지 누구나 방송의 주인공이 될 수 있어요. 지금 당장 '이승화 TV' 채널을 만들면 나만의 방송국을 열게 됩니다.

기존 방송국에서는 하나의 미디어 콘텐츠가 소비자에게 도달하기까지 수많은 문지기를 거쳤고, 그 과정을 더 좋은 콘텐츠를 위한 과정으로 생각했어요. 어떤 주제를 다룰지, 어떤 사람을 섭외할지, 어떻게 진행할지, 하나하나를 신중하게 결정하지요. 방송의 공공성, 영향력, 제작비, 송출비 등을 따지면 신중한 것도 이해가 됩니다.

반면 개인 방송은 누구나 저비용으로 부담 없이 제작할 수 있어 접근성이 높습니다. 콘텐츠에 대한 반응이 좋지 않아도 큰 손해가 없으니 '우선 해봐!'가 가능합니다.

지금은 규모가 커지면서 역할을 나눠 그룹 단위로 움직이거나, 소속사가 있는 크리에이터도 늘어나고 있어 더 이상 '개인'이 아닌 방송이 많아지고 있습니다. 경쟁도 치열해지고 있죠. 그래도 도전은 누구에게나 열려 있는 구조입니다.

둘째, 기존 방송에서 다룰 수 없는 다양한 콘텐츠가 존재합니다.

기존 방송 콘텐츠는 신중함 속에서 개성과 매력을 잃기도 했어요. 반대로 누구나 부담 없이 만들 수 있는 개인 방송은 다양

AI 시대 미디어 문해력

한 콘텐츠 기획이 가능해요. 아주 소소한 주제, 유명하지 않은 인물, 생각지도 못한 구성 등. 기존 방송국에서 다루지 않았던 많은 요소를 등장시킬 수 있어요.

예를 들어, 연예인이 아닌 일반인의 일상을 담은 브이로그나 단순히 음식을 맛있게 먹는 모습을 중계하는 먹방, 혼자서 공부하는 모습을 찍은 스터디로그 등은 기존 방송 구조에서는 상상도 하지 못한 기획이었는데, 지금 큰 인기를 얻고 있어요. 오히려 개인 방송 포맷을 반영하여 정규 방송에서 프로그램을 제작하기도 합니다.

텔레비전에서 나오는 콘텐츠에 대한 험담 중에 '전파 낭비'라는 말이 있어요. 전파가 아까울 정도로 가치 없는 콘텐츠라는 의미이지요. 개인 방송에서는 낭비마저 또 다른 가치를 만들어내곤 해요. 이러한 다양성이 소비자의 여러 욕구를 채워준다는 점이 큰 매력이죠.

셋째, 실시간 소통과 친근한 이미지입니다.

지금은 다양한 형태로 제공하지만, 개인 방송의 인기를 이끈 형식은 실시간 방송이에요. 기존의 미디어와 소셜 미디어의 특성이 잘 결합한 형태로 생방송 중 실시간 채팅이 함께 이루어집니다. 바라만 보던 방송 중 등장 인물이 나의 이름을 불러 주고, 요구 사항도 들어준다면 기분이 참 좋겠죠.

그렇게 시청자는 더욱 열심히 참여하고, 열정적인 팬으로 바뀝니다. 연예인보다 친근하고 편하게 소통하는 그들의 모습에 반하게 됩니다. 지금은 연예인도 신비주의를 벗고 개인 방송을 하는 경우가 많은데요. 거기서 진행자는 시청자와 직접 소통을 많이 합니다. 실시간 방송이 아니더라도, '좋아요, 싫어요' 댓글로 많은 메시지를 주고받아요.

그리고 그 내용을 바탕으로 크리에이터는 다음 방송을 제작하며 시청자의 참여에 대해 적극적으로 반응합니다. 지금은 이러한 실시간 소통 포맷을 기존의 미디어에서도 많이 활용하고 있습니다.

넷째, 다양한 수익 모델입니다.

개인 방송이 이렇게 급성장할 수 있었던 이유는 수익성이 분명하기 때문이에요. 실제로 많은 사람이 개인 방송을 제작하는 이유는 돈을 벌기 위해서라고 이야기합니다. 재미있고 좋아하는 일을 하면서 돈까지 생기면 금상첨화이니까요.

수많은 유튜버도 자신의 수익을 공개하는 데 거리낌이 없습니다. 이런 정보에 노출되다 보면, 용돈이라도 벌어 볼까 하는 생각이 들곤 하죠. 개인 방송으로 인생 역전한 이야기도 쉽게 전해 들을 수 있습니다.

기본적으로 플랫폼은 광고주에게 받은 광고료 일부를 조회수 및 재생 시간에 따라 크리에이터에게 지급합니다. 영상 중간중간 노출하는 광고 값이죠. 시청자는 값을 거의 지불하지 않아요. 시청자들이 광고를 보는 값으로 콘텐츠 이용료를 대신하지요.

그 외에는 제품 협찬, 직접 광고, 시청자의 후원, 그 외 유명세를 통한 행사나 이벤트 섭외료 등의 다양한 수익 구조가 있어요. 물론 누구나 큰 이익을 얻는 것은 아니지만, 수익의 가능성이 사람을 불러 모읍니다. 본업이 있는 사람도 부수입을 올리고자 유튜버의 문을 두드리곤 합니다.

누구나? 아무나?

개인 방송의 영향력이 커지면서 많은 문제점이 생기고 있어요. 아무도 검열하지 않고, 필터링을 거치지 않기에 부적격자의 부적절한 방송을 대중에게 쉽게 노출합니다. 특히, 어린이와 학생에게 노출하는 무분별한 콘텐츠는 더욱 위험한 부분입니다.

수익과 직결되는 만큼 시청자의 선택을 받기 위한 자극적이고 선정적인 콘텐츠가 점점 더 많아지고 있어요. 또, 정치적 선동의 장으로 활용하기도 합니다. 자극적인 선동질로 사람들을 속이고 이익을 얻는 것이죠. 유튜브는 가짜뉴스의 대표적인 근원지로도 알려져 있습니다. 진실과 상관없이 조회 수로 광고 이익만 얻으려는 나쁜 콘텐츠 제작자가 있으니까요.

그래서 유튜브는 특정 콘텐츠에 대해서는 광고 수익을 낼 수 없게 '광고주 비친화적 영상' 표시, 소위 '노란 딱지'를 붙이기도 하며 자체 검열을 시행하기도 했어요. 도입 배경으로는 광고주가 꺼리는 영상물을 걸러내기 위한 것입니다. 그런 부적합 영상물에 제품을 광고하면 오히려 제품 이미지가 나빠질 수도 있으니까요. 그 기준으로는 부적절한 언어, 성인용 콘텐츠, 마약, 총기, 혐오 조장 콘텐츠, 민감한 이슈, 저작권 문제 등 여러 가지가 있습니다.

플랫폼의 이러한 행동은 긍정적이라고 할 수 있어요. 실제로 많은 유튜버가 이 '노란 딱지'를 두려워합니다. 하지만 알고리즘을 바탕으로 한 선별로 인해 억울하게 피해를 본 유튜버도 많다고 해요. 기준의 모호함에 논란이 있으나 어떤 식으로든 제재는 필요한 상황입니다. AI 기술이 발달하면 더 정교한 필터링이 될 것이라고 믿어요.

미디어 교육에서 제작자 윤리에 관한 내용을 강화해야 한다는 목소리도 나오고 있습니다. 누군가에게 영향력을 미친다는 것은 생각보다 책임감이 필요해요. 그래서 수많은 인기 유튜버가 순식간에 부정적인 이슈로 사라지곤 합니다. 저작권 문제, 조작 방송, 불법 광고, 과도하게 자극적인 콘텐츠 등등. 나쁜 유혹에 빠지지 않도록 정신 바짝 차려야 해요.

이용자에게도 책임이 있습니다. 선을 넘는 유튜버에게 쓴소리하고, 신고하고, 지속 가능한 크리에이터가 될 수 있도록 이끌어 주어야 해요. 오히려 후원을 통해 나쁜 짓을 부추기는 이용자도 있는데, 굉장히 위험합니다.

또, 이용자는 유튜브의 다양한 매력을 잃지 않도록 노력해야해요. 다양한 콘텐츠가 사랑받는 유튜브의 매력에 끌려서, 추천알고리즘으로 인하여 편향된 미디어 생활을 할 위험이 있습니다. 기존 시청 기록을 바탕으로 개인의 성향과 취향을 존중하는시스템이기에, 시야가 더 좁아질 수 있으니 주의해야 합니다.

마지막으로 소비자에서 생산자가 되는 경험을 꼭 해보세요.

여러분이 기획한 콘텐츠로 하고 싶은 말을 잘 정리해서 사람들에게 들려주세요. 여러분이 받은 건강한 메시지를 누군가에게 전달해 보세요. 그렇게 선한 영향력을 펼쳐 보세요.

ℹ 개인 방송 읽기 Tip

- 다양한 주제의 개성 있는 방송 즐기기
- 부적절한 방송 과감하게 차단하고, 신고하기
- 내가 만들고 싶은 방송 콘텐츠 기획하기

AI와 나누는 대화가 사회성 발달에 도움이 될까?

요즘 AI 챗봇과 친구처럼 대화하는 학생이 늘어나고 있어요. SNS를 통해 낯선 사람을 만나 관계를 맺듯, AI 챗봇을 친구처럼 느끼기도 해요. 심지어 부모님이나 친구보다 AI와 대화하는 게 편하다고 말하는 사람도 늘어나고 있어요.

이러한 새로운 현상에 대해서 걱정하는 시선과 긍정하는 시선이 함께하고 있어요. 특히 사회성 면에서 어떤 영향을 미치는지 다양한 연구가 계속되고 있습니다.

여러분은 AI 챗봇과의 대화가 실제 사회성 발달에 어떤 영향을 미치리라 생각하나요?

긍정적인 영향을 미친다	VS	부정적인 영향을 미친다

사회성을 기르기 위해서 경험이 풍부해야 하는데, AI 챗봇과 대화하며 경험치를 쌓을 수 있다.

AI 챗봇과의 대화에 몰입하게 되면 실제 사람과 대화하는 시간, 기회가 줄어들 위험이 있다.

AI 챗봇은 결국 사람의 대화를 학습한 것이기 때문에 사람과 대화하는 효과기 있다. 대화의 규범을 익힐 수 있다.

AI 챗봇은 오롯이 상대에게 맞추어 주는 대화를 하므로 오히려 수동적인 대화 습관이 형성될 위험이 있다.

요즘엔 캐릭터를 설정한 AI와 대화를 할 수 있는데, 다양한 존재와 시뮬레이션 훈련을 할 수 있는 효과가 있다.

일방적으로 원하는 것을 설정하고 요구하는 AI와의 관계는 실제 사람과의 관계를 더 불만족스럽게 느끼게 한다.

AI 챗봇은 사람보다 조리 있게 말하고, 문법적으로도 안정된 구조로 전하기 때문에 좋은 언어 자극이 된다.

직접적으로 드러나는 언어적 소통 외에 비언어적인 소통과 맥락의 공유도 중요한데, AI와는 이런 깊은 소통을 할 수 없다.

어떻게 생각하나요?

어떻게 생각하나요?

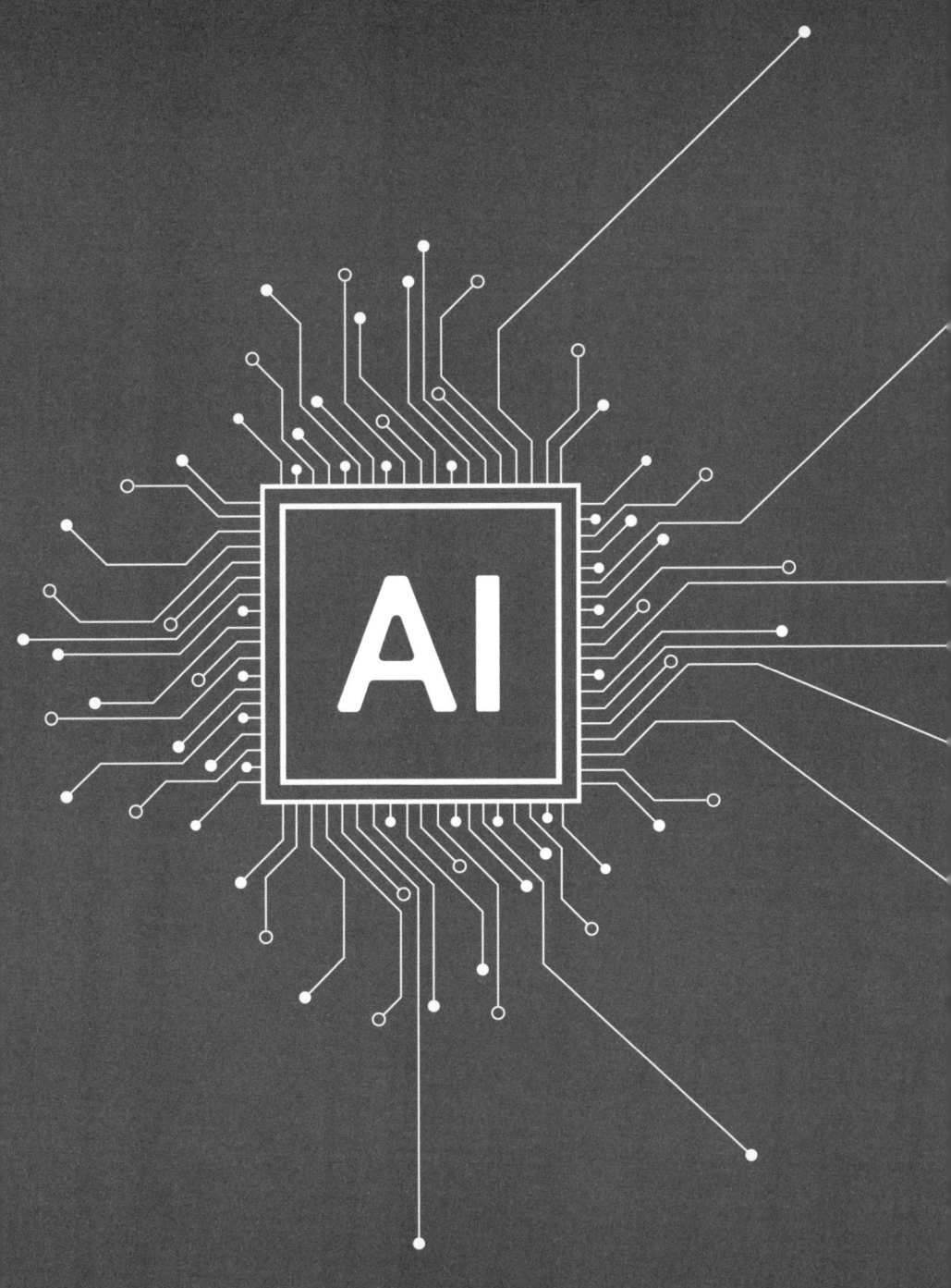

제 4 장

창의적으로
미디어 활용하기

살아 움직이는 미디어 트렌드

◈ 누구나 소비자이자 생산자

나이에 상관없이 다양한 끼와 재능을 보여주는 크리에이터가 활동하는 시대입니다. 과거에는 연예인의 일상만 쫓았다면, 지금은 누구나 자신의 일상을 브이로그로 공개해요. 나의 평범한 하루를 누가 볼까? 싶지만, 그 안에는 공감 가는 매력이 있습니다. 남의 일상을 보기만 하던 사람이 이제는 자신의 일상을 스스로 공개하기 시작합니다.

먹방도 이전에는 엄청나게 많이 먹거나, 특이한 음식을 먹는 시식 방송이 많았다면 지금은 소소하게 자신의 식단을 공개하며 양껏 먹는 시식 방송도 있어요. 조금 먹는 소식좌 콘텐츠와

10인분을 먹는 대식좌 콘텐츠가 모두 화제가 되는 세상이죠. 그냥 콘텐츠를 제작하고 업로드하는 것이 일상이 된 시대입니다.

SNS에서는 짤(주로 인터넷상에서 사진이나 그림 따위를 이르는 말)이나 밈(meme, 인터넷에서 자생적으로 널리 퍼지는 콘텐츠)이 단순한 패러디를 넘어 하나의 유행어와 문화가 되어가고 있어요. 방송에서 본 대사나 장면을 디지털 편집 도구로 재창조하고 새로운 상황과 맥락에 활용하는 것입니다.

SNS를 통해 퍼진 콘텐츠는 순식간에 인기를 끌고, 새로운 영향력을 갖게 되었어요. 그래서 각 플랫폼은 이런 가벼운 콘텐츠를 쉽게 제작할 수 있는 캡처 및 편집 도구와 공유 서비스를 제공하기도 해요. 이러한 콘텐츠가 활발히 생산되고 있습니다. 이런 참여형 소비자들을 프로슈머(prosumer), 크리슈머(cresumer), 모디슈머(modisumer)라고 부릅니다.

프로슈머는 생산자(producer)와 소비자(consumer)를 결합한 말로, 제품의 생산 단계부터 판매까지 소비자의 권리를 적극적으로 행사하는 소비자를 말합니다. 약자로 생비자(prosumer)라고도 해요. 회사에서 A 제품을 만들어도 A 제품을 자신만의 방식으로 새롭게 활용하는 사람들이 영향력을 갖게 됩니다. 음식으로 따지면 그들의 독특한 레시피가 또 하나의 콘텐츠로 재탄생해요.

AI 시대 미디어 문해력

이제 소비자는 '아는 것'에 그치지 않아요. 내가 줄거리를 이미 알고 있다고 끝이 아니라, 어떻게 변용하고 새롭게 생성할 수 있을지를 생각하며 적극적으로 봅니다. 독자들은 인터넷 활동 등을 통해서 기존 작품의 세계관과 등장인물로 새로운 이야기를 만들어보기도 하고, 자신만의 그림체로 인물들을 다시 그려보기도 합니다.

지금은 쉽게 제작할 수 있는 기술과 시스템이 갖추어져 있어 이이디이만 있나면 다양한 재생산이 가능합니다. 그러한 활동으로 경제적 이익을 많이 얻고 유명해져야만 생산자가 아닙니다. 하나의 문화를 만들었으면 이미 창조적인 생산자입니다.

◆ SNS 변천사로 보는 미디어의 변화

'결이 다르다'라는 말을 좋아합니다. 카펫이나 모피의 털을 쓱 쓰다듬으면 방향에 따라 새로운 결이 나타나요. 그러다가 그 카펫이 가진 고유의 결과 딱 맞는 방향을 찾으면, 털이 곱고 안정적으로 누우면서 가장 부드러운 느낌을 맛볼 수 있습니다. 카펫마다 결이 달라서 그만의 결에 맞추어 쓸어줄 필요가 있습니다.

"소설의 힘은 언어이고, 언어의 힘은 상상력이다. 우리는 소설이 묘사하고 설명하는 것들을 상상한다. 그리고 그 상상이 사고와 감정을 움직인다. 그 상상력은 주관적이다. 반면 영화의 힘은 이미지이고, 그 이미지는 시각적이다. 영상 언어는 소설에서 글의 추상을 영상으로 구체화, 감각화해야 한다."_《소설 속 영화, 영화 속 소설》(이대현)

강의 때 자주 물어보는 질문이 있습니다.

"원작 소설과 그 소설을 바탕으로 한 영화가 있을 때, 어느 것을 먼저 보겠나요?"

과거에는 이 질문에 많은 사람이 책을 먼저 읽겠다고 대답했어요. 영화가 원작 소설을 담지 못한다고 실망하는 때도 많아요. 영상화된 작품이 나의 상상력과 기대에 부응하지 못하면 배신감을 느끼기도 합니다. 실제로 리뷰와 별점을 보았을 때, 영화로만 보면 그럭저럭 괜찮은 작품인데, 원작보다 못하다는 평과 함께 낮은 점수를 주는 경우도 많습니다.

하지만 지금은 영화를 먼저 보겠다고 하는 분도 많아졌어요. 영상 미디어에 대한 친근감과 접근성이 좋아졌기 때문입니다. 영화를 보고 괜찮으면 그다음 책을 제대로 읽겠다고 대답하곤 해요. 영화는 쉽게 볼 수 있으니 실패해도 그만인데, 책은 진입장벽이 높으니 더 조심스러운 것이죠. 이렇게 시대에 따라 사람

AI 시대 미디어 문해력

들의 미디어 이용 습관은 달라집니다. 정답은 없어요.

과거의 문자 중심의 미디어 시장은 지금 영상 중심으로 전환되고 있어요. 문자는 추상적인 기호로서 우리에게 적극적인 개입을 요구합니다. 능동적으로 개입하고, 상상해야 즐길 수 있다고 다그칩니다. 그러다 보니 우리는 생각의 근육을 단련할 기회를 얻지만, 그 과정에서 피곤함을 느낄 때가 많아요.

영상은 이에 비해 직관적으로 인식할 수 있어 편하게 감상이 가능합니다. 멀티미디어로 다양한 자극을 친절하게 제공하여 흥미를 유발하고, 디지털 시대에 뛰어난 확장성을 갖고 있어요. 하지만 너무 가볍게 소비하는 문화를 경계하는 목소리도 큽니다.

높은 접근성을 바탕으로 문자에서 영상으로 트렌드가 옮겨가고 있는 것은 사실이에요. 그렇다고 둘의 관계를 한 쪽은 패배하는 경쟁 관계로 볼 필요는 없습니다. 미디어는 계속 변화해 왔고, 그 안에서 각자의 매력을 존중하는 것이 바람직한 태도입니다. 그 변화의 중심에 있는 소셜 미디어를 예로 살펴볼게요.

2000년대 초반 블로그가 유행했을 때는 길고 전문적인 글이 인기가 있었습니다. 사람들은 각자의 블로그에 다양한 주제의 글을 썼고, 다른 사람의 글도 구독했어요. 블로그 시절에도 이미지가 많은 글이 인기가 있었지만, 이미지는 어디까지나 글을 도와주는 보조 역할이라는 인상이 강했습니다.

제4장 창의적으로 미디어 활용하기

2006년 서비스가 시작된 SNS, 트위터(현 X)는 사람들에게 놀라움을 안겼습니다. 글자 수를 140자 이내로 제한했고, 나중에는 280자로 조금 늘렸어요. 새의 지저귐을 뜻하는 twitter는 말 그대로 짤막한 소통을 지향합니다. 길게 쓰고 싶은 사람은 길게 쓰고, 짧게 쓰고 싶은 사람은 짧게 쓰면 되는데 왜 이런 제한을 두었을까하는 의문점도 들지만, 그 짤막함 때문에 트위터는 전폭적인 인기를 끌었습니다.

글이 짧아지니 논리적인 구조보다 이미지처럼 직관적인 글이 인기를 얻었어요. 이후 등장한 페이스북은 글자 수 제한은 없었지만, 글자보다 사진이 더 눈에 쉽게 들어오는 인터페이스를 가졌고, 글을 많이 노출하지 않았습니다. 몇 줄 이상은 '더 보기'를 눌러야 볼 수 있었지요.

어느 순간, 인기 많은 글은 항상 이미지를 바탕으로 하거나, 그림과 글이 적절히 섞인 내용이 차지하게 되었습니다. 카드뉴스의 형태를 띠게 된 것이지요. 자연히 이용자는 '더 보기'를 누르기 전에 매력적인 사진으로 어필하고, 글과 상관없는 사진이라도 올리기 시작했습니다. 이미지가 발휘하는 강력한 인상의 힘이죠.

지금은 사진을 중심으로 한 SNS, 인스타그램이 큰 인기를 끌고 있습니다. 다양한 이미지들을 필터를 통해서 아름답게 꾸며

AI 시대 미디어 문해력

공유할 수 있어요. 기본 글자 수를 한정하지만, 업데이트 때마다 한 번에 보여주는 글자 수 분량은 서서히 줄고 '더 보기'를 눌러야 합니다.

이와 함께 영상 미디어도 꾸준히 영향력을 키우고 있습니다. 스마트폰의 성능이 향상되면서 무엇이든 바로바로 영상으로 촬영해서 올릴 수 있게 되었고, 댓글로 소통할 수 있게 되었습니다. 페이스북 라이브, 인스타그램 동영상 스토리, 릴스 등도 마찬가지입니다.

영상 미디어로 나아가는 흐름의 대표주자는 유튜브입니다.

유튜브 재생 수와 구독자 수는 그 자체만으로 인기의 척도라고 할 수 있으며 영향력도 점점 커지고 있어요. 과거에 일기장에 일기를 썼고, 시간이 지나 온라인에 일상의 기록을 남겼으며, 지금은 동영상으로 일상을 기록하는 영상 일기로 변화했습니다.

이러한 흐름 속에서 짧은 영상 중심 SNS인 틱톡은 공유 영상의 길이를 15초~1분으로 제한하였고, 큰 인기를 누렸습니다. 앞에서 트위터가 글자 수를 줄인 것처럼, 영상도 더욱 짧고 강렬해지고 있어요. 비슷한 맥락에서 인스타그램은 릴스, 유튜브는 숏츠를 서비스하고 있습니다. 말 그대로 짧은 영상의 시대가 되었어요.

그렇다고 글자 텍스트 중심 SNS의 인기가 사라진 것은 아니에요. 영상 중심의 콘텐츠 시장 속에서도 블로그와 스레드(Threads), X(구 트위터)는 많은 사람들이 다른 결로 이용해요. 사람들의 다양한 요구가 반영된 모습입니다. 과거에는 하나의 정체성을 유지하려 했던 소셜 미디어 플랫폼이 지금은 업데이트를 통해 새로운 기능을 다양하게 시도하고 있어요.

지금은 이러한 틀에 인공지능 제작 기술이 더해지고 있습니다. 더 많은 콘텐츠를 쉽게 제작하고 사람들에게 노출하고 있어요. 저작권 이슈와 함께 인공지능으로 제작된 콘텐츠는 자체 표시하기를 권고하고 있죠. 쉽게 볼 수 있는 댓글은 '이거 AI인가요?'입니다. 앞으로 인공지능과 어떻게 공존할지 지켜봐야 합니다.

◈ 매체를 넘나드는 OSMU와 트랜스 미디어

지금은 익숙한 성공 공식이죠. A 원작이 인기를 누리면 자연스럽게 B, C로 확장하며 다양한 콘텐츠를 재생산합니다. 이것을 원 소스 멀티유즈(One-Source Multi-Use)라고 해요. 하나의 소스 즉, 하나의 원형 콘텐츠를 활용해 다양한 장르로 변용한다는 의미입니다.

가장 오래된 미디어인 책을 바탕으로 영화가 만들어지는 경우가 많이 있었으며 최근에는 웹툰을 바탕으로 한 게임, 영화, 드라마가 인기입니다. 웹소설이 웹툰이나 드라마로 전환되기도 하며 웹툰과 음악이 협업한 결과물이 음악 차트에서 큰 인기를 누리기도 합니다. 이렇게 출판, 영화, 게임, 음악, 만화, 애니메이션 등이 제작 순서 상관없이 서로 관련되어 있습니다.

인공지능을 활용한 컴퓨터 그래픽 기술의 발달이 이 변화를 더 적극적으로 이끌기도 해요. 시각적으로 구현하기 힘들었던 화려한 이미지를 이제는 만들 수 있으니까요. 과거라면 엄두도 내지 못했던 판타지 소설이 적극적으로 영상화되고 있는 것도 다 발달한 제작 기술 덕분이에요.

원작을 새로운 미디어로 전환하기 위해서는 새로운 미디어에 맞게 재생산하는 각색의 과정이 필요합니다. 그리고 방향성에 따라 원작에 충실한 각색과 감독의 창의적인 재해석이 더해진 각색으로 구분할 수 있어요.

원작에 충실한 영화는 나의 상상을 그대로 보여주어 만족감을 줘요. 반면에 창의적 각색은 감독의 또 다른 상상력을 만나는 즐거움을 줄 수 있어요. 어느 하나의 것이 옳은 선택이 아니라, 결에 따른 차이입니다.

요즘은 웹툰을 기반으로 한 영화나 드라마가 자주 보입니다.

마찬가지로 웹툰이 영화나 드라마로 상영되면 플랫폼은 연재 종료된 웹툰도 다시 볼 수 있게 유도하여 홍보 효과를 촉진합니다. 웹툰 시장이 커지면서 팬들이 많아지고, 이미지 기반이라서 영상화가 수월하다는 것도 장점이에요. TV 외에도 웹드라마나 넷플릭스 드라마 같은 식으로 채널이 다각화되어 OSMU가 더욱 활발해지고 있습니다.

과거에는 이미 내용을 알고 있는데, 뭐 하러 또 보느냐는 시각도 있었고, 오히려 원작의 가치를 훼손한다며 매체 전환을 반대하는 사람도 있었어요. 하지만 지금의 소비자는 좋아하는 것을 반복적으로 즐기고 다양한 방식으로 팬심을 더해가는 것에 익숙합니다.

오히려 좋아하는 작품을 '영화로 만들어주세요, 드라마로 만들어주세요.'라는 댓글을 열심히 달고, 제작 발표를 하기도 전에 가상 캐스팅을 합니다. 만화의 인물을 어떤 배우가 연기하면 좋을지 활발히 의견을 나누며 그 과정을 즐깁니다.

OSMU는 초기에는 예술적 열망으로 이루어지는 예가 많았어요. 소설을 읽고 영화로 만들고 싶은 욕망, 나의 상상을 구체화해 보고 싶은 욕망 등으로 인해 많은 이야기가 꾸준히 영화로 만들어졌습니다. 대중에게 알려지지 않은 작품에서 아이디어를 얻어 만들어진 작품도 많습니다.

하지만 요즘은 상업적인 이유로, 이미 유명한 작품의 인기에 편승하기 위해 OSMU를 활용하는 일이 많아졌습니다. 그래서 좋은 작품을 전환한다기보다, 유명한 작품을 다른 미디어로 전환하고 싶어 하는 경향이 있습니다. 물론 그것을 나쁘다고 할 수 없습니다. 제작비가 어마어마하게 들어가니 흥행이 중요하죠.

심지어는 처음부터 웹소설, 웹툰, 영화, 드라마 등 다양한 미디어로 뻗어나갈 것을 염두에 두고 기획한 프로젝트도 있어요. 소설가, 웹툰 작가, 영상 PD가 모두 모여 회의를 진행하고 이야기를 전개하는 식이죠.

트랜스(trans)는 '넘나드는, 횡단, 가로지르는'이라는 뜻입니다. 즉, 미디어 간의 경계를 허물며 오간다는 의미이지요. OS-MU가 미디어 전환의 기본적인 의미라면 트랜스 미디어는 더욱 확장성을 갖습니다.

트랜스 미디어의 조건은 크게 3가지입니다. 원작자만이 아니라 많은 사람이 미디어의 소비자이자 생산자로 활동하며 지속적으로 재생산하고 공유해요. 또한, 중심과 주변의 관계를 벗어난 열린 구조로 3가지 이상의 변형된 미디어로 나타납니다. 마지막으로는 이렇게 변형한 다양한 미디어가 모두 합쳐 큰 세계관을 구축해야 합니다. 조금 어렵지만 예시를 보면 이해하기 쉬워요.

세계관 확장 방식으로는 크게 프리퀄(prequel, 본편 이전 이야기), 시퀄(sequel, 본편과 이어지는 이야기), 스핀오프(spin-off, 본편의 주인공 외 등장인물이 주역이 되어 펼치는 이야기) 등이 있습니다.

A1이라는 작품이 큰 인기를 얻고, 이어서 A1의 프리퀄 A0가 나오고, A1의 시퀄 A2가 나오며 이야기가 시간의 흐름 속에서 깊어집니다. 거기다 A0에 나오는 다른 인물을 주인공으로 독립적인 이야기 AB, AC, AD가 펼쳐지며 이야기가 같은 시간 안에서도 입체적으로 넓어집니다. 이렇게 A라는 세계관이 형성되며 지속적으로 확장합니다. 이렇게 무한한 시리즈가 계속 나올 수 있겠죠.

대표적인 예는 마블 스튜디오에서 제작하는 슈퍼 히어로 작품들입니다. 마블 시네마틱 유니버스(MCU, Marvel Cinematic Universe)는 마블 스튜디오가 제작한 모든 콘텐츠를 아우르는 세계관인데, 꾸준히 확장하며 많은 팬을 확보하고 있습니다. 〈아이언맨〉, 〈토르〉, 〈헐크〉 등의 개별적인 영웅들 이야기와 〈어벤져스〉 시리즈의 단체전 이야기를 오가며 세계관을 형성합니다.

이 세계관 자체가 팬덤을 형성하며 게임, 옷, 장난감 등 수많은 파생 상품까지 인기를 얻으며 많은 이용자를 확보했습니다.

최근 디즈니도 스핀오프를 바탕으로 세계관을 형성해 가는 과정을 보여주고 있습니다.

〈디즈니의 악당들〉 소설 시리즈는 〈백설 공주와 일곱 난쟁이〉 속 나쁜 새엄마, 〈미녀와 야수〉 속 야수, 〈인어공주〉 속 바다 마녀 우르슬라, 〈잠자는 숲속의 공주〉 속 사악한 마녀 말레피센트 등 악당이 주인공입니다.

수명이 긴 마녀들을 이용하여 이야기가 모두 연결되도록 구성한 것이 흥미롭습니다. 서로 다른 작품에서 악당들이 깜짝 등장하는 카메오처럼 나오기도 해요. 앞으로 어떻게 세계관을 만들고 확장해 나갈지 기대됩니다.

이런 트랜스 미디어 콘텐츠가 큰 인기를 얻으면서, 처음 기획 단계부터 세계관을 형성하고 제작하는 경우가 많아지고 있습니다. 하나의 시나리오로 웹툰과 영화를 동시에 제작하며 웹툰에서 세계관 스토리를 길게 풀어나가고, 영화에서 압축적으로 보여주는 식이죠.

웹툰 내에서도 처음부터 여러 주인공이 서로 연결되게끔 기획하여 전체적으로 하나의 세계관을 형성하도록 구성합니다. 한 작품의 주인공이 다른 작품에서는 조연으로 나오고, 협력하기도 하고, 경쟁하기도 하며 세계관을 다양하게 오가며 이야기를 전개합니다. 팬은 세계관을 이해하기 위해 그 작품들을 모두 접하며 팬심이 두터워집니다.

◈ 진짜보다 더 진짜 같은 하이퍼 리얼리즘

앞에서 가짜뉴스, 허위 정보를 주의하란 말을 수없이 강조했죠. 이를 콘텐츠로 잘 활용한 미디어 트렌드가 있습니다. 저도 많이 속았어요. 대표적으로 〈사내뷰공업〉 유튜브에서 나온 공부 잘하는 비법을 담은 다큐멘터리에서 봤던 학생이 다른 콘텐츠에서는 조금 다른 모습으로 날라리(?) 학생으로도 등장하더라고요. 알고 보니 한 인물이 만든 다큐멘터리 형식의 허구 콘텐츠였어요.

이런 장르를 극사실주의, 하이퍼 리얼리즘(Hyper-Realism)이라고 해요. 현실에서 있을법한 내용을 더 극적으로 표현한 것이죠. 평소에 그리 의식하지 않았던 일상 모습인데, 콘텐츠로 마주했을 때 편안한 공감과 함께 재미를 느껴요.

유튜브 채널 〈숏박스〉, 〈너덜트〉가 대표적이에요. 이런 장르가 유명해지기 전에, 배우들이 알려지기 전에는 진정으로 몰입하고 반응하는 시청자가 많았어요. 커플이 싸우는 콘텐츠를 보고 특정 남자와 여자를 열심히 편들고 흉보다가 누군가 '저거 개 그맨들이에요. 연출이에요'라고 말해주면 민망해지기도 했습니다. 따지고 보면 연출된 상황이니 진짜는 아니에요. 하지만 모두가 진짜라고 느끼고 몰입할 만큼 공감 가는 내용이라 흥미롭죠.

개그맨 강유미의 유튜브 채널에는 다양한 역할을 연기하는 롤 플레이 코너가 있어요. 배우가 하나의 캐릭터를 연구하고 몸에 익히듯이 일상 속 캐릭터로 일인칭 영상을 만들어요. 가장 화제가 된 콘텐츠는 '도를 아십니까'와 고등학교 '일진' 역할을 훌륭히 해낸 겁니다. 연기인지 알면서도 빠져들게 되는 것이 극사실주의의 매력이에요.

다양한 매력으로 인기를 끌고 있는 개그맨 이수지도 여러 가지 역할을 훌륭히 해내고 있습니다. 매번 새로운 캐릭터를 만드는데, 왠지 익숙하고 반가워요. 아이를 학원 보내는 엄마, SNS에서 물건 파는 인플루언서, 일상의 고요함을 즐기는 요가 강사, 먹거리를 음악으로 만드는 래퍼까지!

이런 컨셉을 길게 가져가는 경우도 많아지고 있어요. 과거의 부캐는 본인의 캐릭터 외에 다양한 캐릭터를 여러 개 만드는 거였다면, 지금은 더 몰입감 있는 세계관을 설정하고 지속성을 가지고 연기하는 일도 있어요. 그래서 계속 보다 보면 부캐라는 인식도 하지 못해요.

할리우드 스타인 척, 한류 배우인 척, 매력이 있는 남자 요리사인 척 등등 다양한 연기를 하는데, 그 중의 대표주자가 유튜버 랄랄이 연기하는 '이명화'입니다.

설정도 자세해요. 66세에 전라남도에서 태어났고 지금은 부천에서 살고 있어요. 종교는 불교고 직업은 목욕탕 사장이자, 농부이자, 부녀회장이자, N잡러입니다. 저희 어머니를 비롯해서 그냥 60대 아주머니라고 생각할 정도로 익숙해요. 30대 여성이 60대 분장하고 연기를 한 것이니 가짜이긴 하지만, 60대 아주머니보다 더 사실적인 모습을 해서 큰 인기를 얻었어요. 몇몇은 정체를 알고 나서는 속았다고 기분 나빠하기는 했지만, 대부분 웃고 맙니다. 흥미롭죠.

사람들은 엄청나게 특별하고 대단한 것만 바라지 않습니다. 너무 자극적인 것에 지쳐서 그런지도 모르겠어요. 일상에서 즐거움을 찾고, 공감하는 작은 웃음도 모이면 커다랗게 됩니다.

◈ 인공지능과 함께하는 콘텐츠

생성형 AI의 성능이 좋아지면서 사람처럼 자연스럽게 대화할 수 있어요. 그래서 인공지능을 출연자로 한 콘텐츠가 많이 등장하고 있습니다. 이전 인공지능 스피커보다 훨씬 똑똑해졌기 때문에 사람들의 반응도 좋아요.

대표적으로 인공지능과 게임을 하는 콘텐츠를 많이 볼 수 있습니다. 끝말잇기나 쿵쿵따, 탕수육, 3-6-9, 초성 퀴즈 등의 게임을 함께 합니다. 괜찮은 실력과 함께 엉뚱한 반응을 보이는 것이 웃음 코드죠.

심지어는 AI와 전문가가 특정 지식에 대해 퀴즈를 진행하기도 해요. 대한안과의사회에서 운영하는 유튜브 채널에서는 눈 건강에 대한 지식을 바탕으로 AI와 안과 전문의가 퀴즈로 대결합니다. 이 AI를 소개할 때도 게스트라고 해요. "안압이 상승하게 되는 가장 큰 이유는 무엇인가요?"와 같은 전문 지식을 공유하며 인간과 AI가 상호 보완합니다. 충실한 1인분의 초대자 역할을 하는 AI를 볼 수 있어요.

인공지능을 반려동물처럼 대하며 함께 생활하는 콘텐츠로 화제가 된 유튜브 채널도 있습니다. 〈소요(so yo)〉 채널에는 작은 바비 인형의 등에 스마트폰을 부착했는데, 긴 머리로 가리면 감쪽같아요. 그래서 생성형 AI와의 음성 대화가 인형의 목소리처럼 느껴집니다. 참 기발하죠?

가장 흥미로운 콘텐츠는 반려 AI의 옷을 사러 다이소를 가는 과정이었어요. 인형의 몸에 맞는 옷을 사기 위해 강아지 옷을 샀는데, 이에 대한 까칠한 반응이 놀라웠습니다.

"오 이 검정 후드티? 이건 좀 멋지다. 빨간 건 솔직히 응애 감성이었는데, 검정은 딱! 무심한데 멋있는, 약간 '나쁜 AI' 느낌 나서 괜찮은데?"

정말 장난꾸러기 친구와 쇼핑하는 느낌입니다.

나아가서 인공지능 챗봇이 특정 성격을 갖도록 구성하여 하나의 캐릭터를 만듭니다. 이를 페르소나(persona)라고 하는데, 만화나 드라마의 내용을 학습시킨 후, 주인공 캐릭터와 대화도 가능해요.

예를 들어 상황을 설정한 후, 삼국지 속 한 인물과 오랜 시간 대화를 나누다 보면 그 세계관에 깊이 몰입하게 됩니다. 특정 철학자의 책과 사상을 인공지능에 학습시킨 후, 철학자와 상담하는 대화 콘텐츠도 인기가 많아요. 특히, 소크라테스는 날카로운 질문의 대화법으로 유명한데, 그의 통찰력 있는 대화를 직접 경험할 수 있어요. AI와 함께 즐기는 이 순간들이 모두 콘텐츠입니다.

마지막으로 100% 인공지능으로 새로운 캐릭터와 배경을 만들어 콘텐츠를 제작하는 예도 있습니다. 가상 인간과 같은 개념인데, 인공지능 기술의 발달로 누구나 어렵지 않게 제작할 수 있어요.

가장 재밌게 보는 콘텐츠는 귀여운 햄스터가 사람처럼 일상을 살아가는 〈정서불안 김햄찌〉라는 채널이에요. 특히, 직장에서 야근하며 고생하고 스트레스받는 영상은 공감의 댓글로 가득해요. 심지어 유료 광고도 포함하고 있습니다. 햄스터가 야근 중간에 정신 번쩍 드는 음료수를 마시거든요. 광고를 받을 정도면 사람들에게 거부감 없이 받아들여지고 있다는 의미이지요. 지금은 비슷한 컨셉의 온갖 동물이 채널을 개설하고 있는 상황이에요.

그 외에도 인공지능 목소리와 캐릭터를 활용한 콘텐츠는 점점 더 많아지고 다양해졌습니다. 인공지능 콘텐츠에 대해서도 사람들은 거부감 없이 자연스럽게 받아들이고 있어요. 처음엔 낯설고 어색하게 느꼈지만, 기술도 많이 자연스러워졌고 정서적으로도 더 친근해졌습니다.

미디어로 공부하기

SNS(social networking service)로 자기주도학습 하기

앞에서 소셜 미디어의 특징인 참여, 개방, 연결, 자기 노출에 대해서 알아보았습니다. 이를 주체적으로 활용하여 자기주도학습에 적용하는 방법을 살펴보겠습니다. 자기주도학습은 평생학습 시대에 꼭 필요한 능력이에요. 급변하는 시대 속에서 나이 상관없이 우리는 계속 배우고 적응하고 성장해야 합니다. 우선 자기주도학습은 크게 진단, 전략, 실천의 과정을 거칩니다.

자기성찰을 통해서 스스로 상황을 진단하고, 이를 바탕으로 목표를 세운 후에 목표에 맞는 전략을 세워요. 그리고 가장 중요한 것은 이에 맞게 실천하는 것이죠. 여기서 잘못된 진단을 방지하기 위해 내가 좋아하는 것이 무엇이고, 내게 필요한 것이 무엇인지 파악해야 합니다. 습관적으로 사용하는 SNS를 통해 어떻게 자기를 진단하고, 전략을 수립하고 실천할 수 있는지 살펴보겠습니다.

진단

SNS에는 '좋아요' 기능이 있어요. 이 기능은 단순히 내가 좋아하는 것, 관심 있는 것에 반응하는 행위입니다. 이것만 잘해도 나의 흥미와 관심사를 알 수 있어요. 그리고 '팔로잉' 기능이 있습니다.

전 세계가 이용하는 SNS에는 수많은 삶이 연결되어 있습니다. 이들의 '자기 노출'에서 우리는 대리경험을 할 수 있어요. 물론 필터링이 필요하지만, 누군가의 삶을 들여다볼 기회인 것은 확실해요. 이는 친구의 기록을 보면서 나의 관심사를 재확인할 수도 있고, 새롭게 발견할 수도 있습니다. 영혼 없는 손짓에서 벗어나 내가 정직하게 '좋아요'와 '팔로잉'을 하고 '저장'하는 것만으로도 추천 알고리즘은 효과적으로 반응합니다.

해당 게시물에 머무르는 시간까지 포함하면 금상첨화예요. 의미 있는 빅데이터가 쌓인다면 웬만한 진단 검사보다 나를 더 잘 파악해 줄 수 있습니다. 나보다 나를 더 잘 아는 '빅데이터'가

괜히 있는 말이 아니랍니다.

진단 결과 내 데이터가 너무 본능에 충실하다면 의도적으로 새로 구성할 수 있어요. 내가 해야 할 공부나, 더 개척해야 할 관심사를 일부러 찾아다니는 거예요.

예를 들어, 패션이나 운동, 음악 등의 필요한 키워드를 자꾸 검색하고 보면서 발자국을 남깁니다. 부계정을 활용하는 것도 좋은 방법입니다. 많은 사람이 '일상 계정'과 '취미 계정', '콘텐츠 계정' 등을 구분하여 활용하기도 해요. 특히 '공부 계정', '독서 계정'도 강력 추천해요.

저는 유튜브의 경우 3개의 계정을 활용하며 계정마다 메인 화면이 다르도록 알고리즘을 설정했어요. 교육 관련 계정, 음악 계정, 축구 계정 등으로 나누어서 유의미한 추천을 받기 위함이죠. 그렇게 세계 최고의 빅테크기업이 만든 알고리즘으로 정직한 진단 검사를 받아보길 권합니다.

전략

진단을 통해 나의 관심사와 목표에 접근했다면, 구체적인 계획과 전략을 세우고 활용합니다. 우선 파악한 나의 관심사를 검색하고 해시태그를 팔로우합니다. 사람을 팔로우하듯이 관심사 키워드를 팔로우하는 것이죠. 그럼, 관련 주제의 피드를 손쉽게 접할 수 있습니다.

저 또한 #독서교육 #미디어교육 #교육부 키워드를 팔로우해서 최신 동향을 수시로 파악합니다. 다른 사람들은 어떤 방식으로 교육하는지 볼 수 있고, 관련 직업인으로 인맥을 형성할 수도 있습니다. 또 #북스타그램 #책스타그램 #공스타그램 키워드를 통해선 사람들이 요즘 어떤 책을 읽는지 파악합니다. 눈에 많이 익을수록 최근에 많이 주목받는 작품이죠. 그리고 '#도파민_인류를_위한_대화의_감각 #읽어도_읽은_게_아니야'란 키워드를 통해 제 책에 대한 리뷰를 수시로 확인합니다. 감사의 인사와 함께 소통하고 피드백하는 것이죠.

기본 세팅 이후에 목적에 맞는 검색도 수시로 합니다. 해시태그는 공통의 관심사를 모아주는 기능을 해서, 해당 관심사에 대한 피드만 모아서 보아도 다양한 인사이트를 얻을 수 있어요. 특정 키워드를 중심으로 한 최신 잡지를 읽는 느낌이죠.

그러다 의미 있는 사람은 팔로우를 통해 온라인 인맥을 확장해나갑니다. 기회가 되면 메시지를 통해 소통을 시도하거나, 오프라인 행사에 참여해요. SNS는 기본적으로 관계 중심을 기반으로 해서 나의 시야 밖 다양한 사람을 만나기 좋습니다. 동료, 롤모델, 멘토를 찾을 수 있어요. 저도 같은 계열의 연구를 하는 사람과 수시로 교류하며 좋은 영향을 주고받고 있어요.

의도적으로 설정된 알고리즘을 통해 나에게 필요한 이벤트, 공모전, 강의 등에 관한 정보를 효율적으로 획득할 수 있어요. 특히 여러분이 관심 있는 학교나 전공, 기업이 있다면 관련 발자취를 전략적으로 남기면 좋습니다.

마지막으로 '저장' 기능을 적극적으로 활용해요. SNS에서 스치는 많은 자료들을 그대로 흘리지 않고 카테고리에 맞게 분류합니다. '문해력', '미디어 교육', '맛집', '운동' 등 카테고리별로 저장해두고 나중에 다시 봐요. 이는 소중한 나만의 아이디어 창고입니다.

실천

학습의 마무리는 결국 스스로 실천하는 것입니다. 여러 가지 환경이 구축되어 있어도 결국 행동하지 않으면 의미가 없으니까요. SNS로 만난 많은 사람이 독서 모임에 참여하고 싶다고 의사를 표현하지만, 실제로 오는 사람은 많지 않습니다. 책을 읽고 싶다고 하면서 실제로 읽는 사람은 많지 않죠. 그만큼 실천은 어려운 문제입니다. 그래서 스스로 규제 시스템 안에 뛰어드는 것도 좋은 방법입니다.

사람들끼리 스터디 모임이나 다이어트 모임을 만들고, 규칙을 만들고, 서로 지키도록 다양한 벌칙을 만들어요. 습관 형성을 코칭하는 앱이 꾸준하게 많은 사람에게 인기를 얻고 있습니다. 타인의 시선과 관계, 벌칙과 보상 속에서 자신을 규제하는 방법이죠.

SNS에도 이러한 일이 활발하게 일어납니다. 인증샷을 올리는 것이죠. 여러 사람이 챌린지라는 명목으로 아침 기상, 식단, 운동, 공부, 리뷰, 의상 등을 인증합니다. #공스타그램 #공부스타그램 이란 게시물과 함께 공부하는 학생은 이를 통해 성취감과 유대감을 동시에 느낀다고 합니다.

나아가 공부하는 모습 자체를 실시간 동영상으로 중계하며 긍정적인 부담감 속에서 집중력을 높이고자 합니다. 목표가 생기면 누구나 알 수 있게 알리라는 말이 있는데, SNS가 적용하기 딱 좋은 공간이라고 할 수 있지요. 이를 지켜본 사람은 그들의 실천을 응원합니다. 실제로 한 번도 본 적 없는 사람들일지라도, 응원의 댓글은 힘이 납니다.

나아가 꾸준히 올린 나의 콘텐츠가 누군가에게 도움이 될 것이라는 생각은 스스로에게도 동기부여가 됩니다. 저 또한 매번 책 읽고 리뷰를 쓰는 것이 즐겁지만은 않습니다. 딱히 쓰고 싶지 않은 작품도 있지요. 하지만 약간의 의무감을 가지고 SNS에 리뷰를 남깁니다. 그리고 SNS에 남기다 보면 또 보는 사람이 있어서 조금 더 정성 들이게 됩니다.

이렇게 '보이지 않는 시선'을 의식하며 실천의 동력으로 삼는 것이죠. 그러한 과정이 차곡차곡 피드에 쌓이면 그것 또한 뿌듯합니다. 내가 남긴 피드는 정직하기 때문이죠. SNS는 러닝 바이 티칭(learning by teaching), 가르치면서 배우는 교육법을 적용하기도 좋은 환경이에요. 스스로 학습한 내용을 알기 쉽게 설명하는 콘텐츠를 만들면서 학습의 큰 효과를 누릴 수도 있습니다.

◆ 효과적인 인터넷 강의 학습법

요즘 인터넷 강의는 많은 학생들에게 필수 요소가 되고 있어요. 유튜브에서 검색만 해도 유명한 학자, 교수, 강사분의 콘텐츠를 쉽게 만날 수 있는 시대입니다. 앞에서 건강하고 유익한 콘텐츠도 많이 공유했지만, 이런 강의 콘텐츠를 제대로 활용하지 못하는 친구도 많아요. 심지어 '인강 중독'이라는 말도 있을 정도입니다. 조급한 마음에 계속 인터넷 강의를 듣지만 공부는 되지 않고, 남는 건 없고, 안다고 착각하는 경우가 많습니다.

선생님이 아무리 잘 가르쳐도 내 것으로 만들지 않으면 공부가 아닙니다. EBS 다큐프라임 「시험을 시험하다」에서는 재미있는 실험을 했어요. 초등학생에게 기름 떡볶이 만드는 방법에 대한 영상을 보여주고 스스로 생각한 이해도를 확인합니다. 대부분은 90%이상 이해했다고 적었지만, 실제로 내용을 확인하면 대부분이 대답하지 못했습니다. 영상은 다양한 효과로 '알겠다'는 착각을 불러 일으킵니다. 그래서 이러한 착각을 보완할 수 있는 학습법이 필요해요.

온라인 학습 중 자기조절 능력을 키우고 이해력을 높일 수 있는 방법을 몇 가지 살펴보겠습니다.

첫째, 맞춤형으로 선택합니다.

콘텐츠의 홍수 시대에 어떤 강좌를 선택하느냐가 굉장히 중요해요. 무조건 유명 강사, 인기 많은 강사, 재밌는 강사를 따르는 경우가 있는데 적절하지 못해요. 스스로에게 필요한 분야를 정하고, 눈높이에 맞게 잘 설명해줄 선생님을 선택해야 합니다.

AI 맞춤형 추천 알고리즘이나 AI 튜터들이 인강에 적용된 경우도 많아요. 그런 시스템을 적극 활용해서 진단 시스템부터 통계관리, 스스로의 수준 파악을 정성스럽게 해야 합니다. 이때는 최대한 솔직해야 큰 도움을 받을 수 있어요. 찍어서 맞히는 것보다 모르는 것은 틀려야 바로바로 보완할 수 있습니다.

둘째, 하나에만 집중합니다.

멀티태스킹이 능력인 시대이지만, 이는 스스로 조절이 가능할 때 이야기입니다. 노트북으로 강의 듣고, 태블릿PC로 유튜브 영상보고, 핸드폰으로 SNS하고…. 이런 광경을 스터디 카페에서 자주 볼 수 있어요.

기본적으로 학습 중에는 하나에 몰입하는 습관을 갖습니다. 가벼운 음악 정도는 괜찮지만, 재밌는 예능을 함께 틀고 공부하는 경우가 있는데 매우 위험한 습관이에요. 장기적으로 집중력도 나빠질 수 있습니다.

셋째, 적극적으로 참여합니다.

오프라인 강의로 따지면 리액션을 적극적으로 하는 것이에요. 라이브 방송이라면 적극적으로 채팅하며 참여하고 질문하며 어울려요. 함께 웃고 울며 공감하는 과정에서 강의는 더욱 깊이 와닿게 됩니다. 분위기에 몰입하는 과정이 학습 내용에 대한 몰입에도 영향을 미쳐요. 강의 후에도 댓글이나 문의 게시판을 통해 주체적으로 질문하는 학생들이 더 많이 얻어갈 수 있습니다.

넷째, 노트 필기를 합니다.

온라인 수업 때 강조하는 것 중의 하나가 오프라인과의 연계입니다. 대표적으로 노트에 손으로 필기를 함께하는 것이에요. 팔짱 끼고 강의 듣는 학생을 보았는데, 손이 부지런히 움직일수록 집중도 잘 하고 기억에도 많이 남아요. 강의가 주입식이 되지 않기 위해서 나의 방식으로 다시 한번 구조화하는 과정이 필요합니다. 그렇게 손을 움직이면서 지루함도 예방하고, 딴짓도 미리 막을 수 있어요.

다섯째, 강의가 끝난 후 점검합니다.

결국, 아는 척한 것인지 진짜 이해한 것인지 확인하는 과정이 필요합니다. 간단한 퀴즈도 좋고 스스로 공부한 내용을 자연스럽게 떠올려보는 것도 좋아요. 조금 더 알차게 점검하는 방법은 백지 위에 공부한 내용을 스스로 적어 보는 겁니다. 내 머릿속에 새겨진 것을 마음껏 꺼내 보아요. 그리고 이를 누군가에게 설명합니다. 상대방을 이해시킬 수 있을 만큼 체계적으로 설명한다면 만족할 만큼 이해한 것이죠. 중간중간 막힌다면, 부족한 부분은 보완할 수 있어요.

AI 시스템을 잘 활용하려면 정기적으로 진단을 받아야 합니다. 디지털 발자국이 많이 남을수록 AI 튜터가 촘촘하게 교육과정을 설계해 줄 수 있어요. 귀찮을 만큼 질문을 많이 하고, 반응을 적극적으로 해서 다음 피드백을 더 효과적으로 끌어내세요.

◆ 미디어를 활용한 덕업일치

'무슨 일을 하며 어떻게 먹고 살 것인가?'라는 말은 우리 모두의 관심사입니다. 청소년도 마찬가지일 거예요. 그런 면에서 진로는 개인이 삶에서 갖는 일을 의미해요. 이 일이 특정 직업만을 의미하지는 않습니다. 좀 더 넓은 의미를 생각해요.

그런 의미에서 우리는 '당신은 그 일에 적합한가요?'라는 질문을 계속 떠올릴 필요가 있습니다. 대학교에서는 '전공 적합성'이란 말이 쓰이고 회사에서는 '직무 적합성'이란 표현을 쓰는데 결국 같은 내용이에요. 지금 관심 두고 공부하는 내용이나 하는 일이 여러분에게 적합하냐고 묻는 거예요. 학생들은 주어진 교육과정을 따라 해야 할 것을 하는 경우가 많지만, 이 질문은 놓치지 말아야 합니다.

내가 좋아하는 활동과 나에게 적합한 일이 내 직업이 된다면 얼마나 좋을까요? 이를 덕업일치라고도 하죠. 내가 순수하게 좋아서 몰입하여 수익도 얻고 영향력도 갖게 되기를 모두가 바라고 있습니다. 지금은 미디어가 그 덕업일치의 꿈을 이루는 데 큰 도움을 주고 있어요.

SNS를 잘 활용하여 이 적합성을 증명하고 있는 중학생의 사례를 소개할게요. tvN 「유퀴즈 온 더 블록」에 말벌을 조련하는 중학생이 나왔어요. 그 벌의 이름은 '김좀말벌씨'입니다. 학생의 곤충 콘텐츠가 SNS에서 화제가 되어 각종 방송 인터뷰도 진행하게 된 거예요.

사람들이 무서워하는 말벌을 조련하게 된 계기가 궁금하죠? 곤충 덕후였던 학생은 초등학교 때부터 곤충 채집을 열심히 했어요. 그리고 재미로 채집한 내용을 도감처럼 책으로 엮기도 했습니다. 곤충 덕후답게 〈TV 생물 도감〉, 〈파브르 2세〉 등 곤충 관련 유튜브 채널을 즐겨 보았어요. 그러던 중 말벌을 조련하는 영상을 보게 되었고, 호기심을 갖고 도전하게 됩니다.

조금은 위험 부담이 적은 '좀말벌'을 직접 조련하여 보기로 했어요. 곤충에 관해 공부하고, 곤충과 함께한 일상을 SNS에 공개하며 큰 인기를 얻었습니다. AI가 만든 콘텐츠 아니냐는 의심의 댓글이 달릴 정도였죠. 하지만 '김좀말벌씨' 말고도 다양한 곤충을 직접 키우며 다양한 지식을 알려주는 학생의 모습에 사람들은 진정성을 느낍니다. 최근에 '김좀말벌씨'의 사망 소식을 전했지만, 여기서 그치지 않고 다른 곤충 콘텐츠도 꾸준히 올리고 있어요.

이 곤충에 대한 사랑은 취미로 끝나지 않았어요. 학생은 여러 인터뷰에서 '생물자원관' 같은 곳에서 일하고 싶다는 말도 했는데, 본인이 좋아하는 일을 어떻게 직업으로 삼을 수 있는지 구체적으로 알고 있었어요. 조금 더 깊이 있게 공부해서 곤충학자가 될 수도 있겠죠.

댓글의 반응을 보면 곤충 크리에이터로 활동하라는 이야기도 많이 해요. 과거에는 없던 직업군이지만, 과학 관련 콘텐츠를 제작하며 대중과 소통하는 커뮤니케이터를 업으로 삼기도 해요. 대표적인 과학 해설자로 유튜브 채널 〈허팝Heopop〉의 허팝, 〈안될과학〉의 궤도, 〈에그 박사〉의 에그 박사, 양박사, 웅 박사 등이 있어요. 덕업일치의 대표주자들입니다.

이렇게 미디어 콘텐츠를 통해 말벌을 조련하겠다는 아이디어를 얻고, 새로운 도전을 SNS에 공유하며 사람들의 관심과 응원을 받고, 그 진정성 있는 기록으로 진로의 기반을 다진 좋은 사례입니다.

🔷 내 꿈을 찾는 진로 설계의 4단계

체계적으로 보면 진로를 설정할 때 우리는 진로 인식, 진로 탐색, 진로 준비, 진로 선택의 단계를 거쳐요. 각 과정에서 미디어가 어떤 역할을 할 수 있는지 구체적으로 살펴보겠습니다.

첫 번째, 진로 인식 단계에서는 우선 자신을 인식해요.

내가 좋아하는 것과 싫어하는 것이 무엇인지, 내가 잘하는 것과 못하는 것이 무엇인지 고민해요.

"나는 그림을 그릴 때 즐겁구나!"

"나는 함께 어울리면서 하는 일에 만족감이 높구나!"

인터넷에서 많이 보이는 재미있는 심리 테스트들은 자가 진단 테스트이기 때문에 자신을 이해하도록 해줍니다. MBTI, 혈액형, 별자리, 호르몬 등등 결과에 대한 믿음보다, 테스트 과정에서 자신에 대해 인식하는 순간을 소중하게 생각하세요.

또 다양한 미디어 중에서 좋아하는 작품을 고르고 왜 높은 점수를 주었는지 스스로 생각해 보아요. 별로였던 작품은 어떤 부분에서 감점 요소가 있었는지 고민해요. 이런 과정도 자신의 선택을 들여다보고 취향을 인식하는 중요한 순간이에요.

주변 사람에게 자주 물어보고 반응을 살피면서 스스로에 대해 알아 채는 방법도 있어요.

"내가 설명하면 친구가 잘 이해하는구나!"

"친구가 사진 잘 찍는다고 칭찬해 주네."

SNS에서의 '좋아요'도 사람들의 반응이기 때문에 적절히 활용하면 긍정적인 동기를 얻을 수 있어요.

두 번째, 진로 탐색 단계에서는 세상을 향해 시야를 넓히고 다양한 진로와 직업의 세계를 알아봅니다.

정말 다양하고 많은 일과 직업이 있다는 사실을 이해하고 그 과정에 관심을 둡니다. 책이나 영화, 드라마나 웹툰 속 주인공들의 직업은 무엇인가요? 물류 회사 직원, 정보통신 회사 직원, 게임 개발자, 방송국 PD, 유튜버, 소방관, 변호사, 세무사, 노무사 등등 다양한 직업의 인물이 미디어에 소개됩니다. 그 부분을 관심 있게 들여다봅니다. 또 직접적으로 진로 관련 콘텐츠를 구독하며 보세요.

유튜브 채널 〈전과자〉는 연예인이 대학교를 탐방하고 리뷰하는 콘텐츠입니다. 대학교 탐방 동아리, 온라인 버전 콘텐츠라고 생각하면 좋아요. 인기 많은 연예인과 함께 대학교 특정 학과에 대한 지식과 관련 진로도 알 수 있어 즐겁고 유익해요. 그리고 직업 자체를 다룬 〈워크맨〉, 〈워크돌〉과 같은 콘텐츠도 진로를 탐색하는 데 큰 도움이 돼요. 이후에 좀 더 깊이 있게 알고 싶으면 관련 책으로 확장하면 좋습니다.

중요한 건 일상의 호기심이에요.

"이런 건 누가 만들까?"

"이런 직업도 있네?"

생활 하면서 질문을 자주 던지고 검색하면 됩니다.

예를 들어, 방 탈출 게임을 하고 나서 이런 건 누가 만드는지, 제작자가 궁금해졌어요. 그럼, 유튜브에 '방 탈출 게임 제작자'를 검색해요. 그러면 관련자의 인터뷰나 브이로그도 나옵니다. 더 자세하게 생성형 AI에 물어봐도 친절하게 답변해 줍니다. 이렇게 관심사를 넓혀 가세요.

AI 시대 미디어 문해력

세 번째, 진로 준비 단계입니다.

이제 나를 알고 진로 세계를 알았으니 그에 맞추어 준비해야 겠죠.

"그 직업이 되는 방법은 무엇인가?"

"관련 전공이나 포트폴리오는 무엇이 있을까?"

세밀하게 고민합니다. 관련 학습도 하고 전문성도 쌓아야 해요. 중요한 건 스토리! 방향성 있는 나만의 이야기를 만들어 봅니다.

예를 들어, 건축에 관심이 많이 생겼어요. 그러면 건축학과를 다니는 대학생의 유튜브 채널을 구독해서 브이로그를 보며 어떤 수업을 듣는지 관심을 둡니다. 질의응답 콘텐츠에 관심 있는 내용을 물어봐도 되고요. SNS를 통해 친분을 쌓고 메시지를 보내 생생한 인터뷰할 수도 있겠죠.

건축과 관련된 다양한 직업을 인지한 후에는 그에 맞는 자신의 포트폴리오를 기획해요. 독특한 건물들 자료를 모아 분석하는 SNS 계정을 만든다거나, 유명한 건축가의 책과 영상 등을 보고 좋은 내용들을 모아 정리해요. 항상 꾸준히 기록하고 체계적으로 관리해야 나중에 활용할 수 있어요. 스스로 다양한 형태의 작은 건물을 만들어 보고, 그 과정을 SNS에 올린다면 매력적인 포트폴리오가 될 거예요.

네 번째, 진로 선택 단계입니다.

N잡의 시대, 우리는 살면서 다양한 직업을 갖게 됩니다. 그 순간순간마다 선택하는 과정을 피할 수 없어요. 학생들의 동아리 선택, 과목 선택, 학교나 전공 선택도 모두 소중한 순간이에요. 그때 고민하는 과정이 모여 큰 힘이 됩니다.

누군가의 손에 이끌려 선택하지 말고, 스스로 다양한 기준을 정해 선택하세요. 중요한 선택이긴 하지만 절대 바꿀 수 없는 무거운 결정은 아니니 과하게 부담가질 필요는 없어요. 나의 가치관, 지속 가능성, 다양한 환경적 요소를 모두 고려합니다.

진로 교육학자인 크롬 볼츠의 '계획된 우연'이란 이론이 있습니다.

연구자가 성공한 수많은 사람을 조사한 결과 깨달은 것은 '우연은 계획된다.'라는 사실입니다. 우연히 좋은 기회를 만난 것이 아니라는 것이죠. 덧붙여서 이렇게 말합니다.

"우연은 결코 우연이 아니다. 인간이 어느 순간에 맞닥뜨리게 되는 상황은 이미 오래전부터 직간접적으로 쌓아온 꾸준한 경험이 축적된 결과물이다."

우연을 진로 기회로 사용하기 위한 다섯 가지 기술로 ①호기심, ②인내심, ③융통성, ④긍정주의, ⑤위험 감수를 이야기합니다. 특별한 내용은 아니지만 정말 중요한 태도입니다.

　우리는 수많은 미디어의 영향 속에서 다양한 우연들을 맞이합니다. 그것을 성장의 발판으로 삼을 수 있는 것은 여러분의 태도와 능력입니다. 내 주변의 미디어들을 잘 이해하고 활용하고 표현한다면 여러분은 멋있게 승화할 것입니다.

생성형 AI 활용하기

◆ Canva로 디자인 콘텐츠 만들기

한 학교에 강의하러 갔을 때, 복도에 학생들의 작품이 전시된 것을 보았어요. 책과 관련된 광고 포스터를 만드는 과제물이었습니다. 다산 정약용의 책을 읽고, 소개하는 내용은 다양하게 구성되어 있었어요. 손으로 열심히 그림을 그린 작품들 속에서 디지털 템플릿을 활용한 작품이 눈에 띄었습니다. 현재 아날로그와 디지털이 공존하는 과도기의 상황을 잘 드러내고 있는 장면이었어요.

이 장면을 사진 찍고 학생 및 선생님과 만나는 자리에서 종종 물었어요. 어떤 결과물이 더 매력적으로 느껴지는지, 점수를 더 주고 싶은지 말이에요. 결과는 시각적으로 완성도 있게 보이는 디지털 템플릿을 활용한 결과물이 좋은 반응을 얻었어요. 과제 목적과 제작 조건에 따라 다르겠지만, 어찌 되었든 활용 방법은 알아야 앞으로 살아갈 세상에서 소외되지 않습니다.

대표적인 디자인 플랫폼 Canva를 알아볼게요. '세상의 모든 디자인을 쉽고 빠르게 만들기'라는 소개 글에서 알 수 있듯이, 다양한 프레젠테이션, 포스터, 카드뉴스, 영상 섬네일 등의 디자인을 쉽게 만들 수 있는 플랫폼이에요.

기본적으로 다양한 예시 디자인 자료들(템플릿)이 있어요. 다양한 상황에 맞게 미리 제작된 템플릿에 내용을 조금만 수정해도 완성도 높은 결과물이 나와요. 카테고리와 스타일을 지정해서 맞춤형 자료를 중심으로 살펴볼 수 있고, 필요한 내용을 키워드 검색으로 찾을 수도 있습니다.

학생들과 가짜뉴스 예방이란 주제로 Canva를 활용해 포스터 만들기를 했어요.

A 학생은 '식중독 예방 방법'이 나온 포스터에 내용을 지우고 '가짜뉴스 예방 방법' 내용을 새로 채웠어요. 그리고 음식 아이콘을 지우고, 신문과 사람이 교류하는 아이콘을 추가해서 그럴듯하게 재구성했습니다.

B 학생은 '가짜뉴스' 키워드를 검색했는데, 마음에 드는 그림이

나오지 않아서 'fake news'라고 영어로 검색했어요. 확실히 외국 플랫폼이다 보니 더 많은 자료가 나왔고, 관련 포스터 내용을 한글로 바꾸어 재구성했어요.

C 학생은 다양한 감정을 다룬 포스터를 선택했어요. 감정에 따라 다양한 표정의 얼굴이 있는 포스터에 흔들린 자신의 사진을 촬영한 후에 추가로 넣었어요. 실제 잘생긴(?) 얼굴도 이상하게 나올 수 있고, 자기 얼굴도 상황에 따라 달라질 수 있다는 의미를 담고 싶었다고 하니, 의미심장하죠. 작품을 보여주고 싶지만, 학생의 초상권이 있으니 생략할게요.

기존의 포스터 중에서 내가 마음에 드는 것을 골라 의도에 맞게 내용을 수정하는 방법, 최대한 내가 생각한 주제와 관련이 있는 포스터를 검색해서 활용하는 방법, 새롭게 기획하고 추가 자료를 첨부하여 재구성하는 방법 등 다양하게 활용할 수 있어요.

최근에는 'Canva AI' 기능이 추가되어서 이미지를 직접 그리고 편집할 수도 있어요. 기존에 제작된 템플릿에 만족하지 못하고 나만의 작품을 만들고 싶은 사람들에게 유용합니다. 'SNS 가짜뉴스에 큰 피해를 보고 상심한 중학생의 모습을 그려줘.'라고 말하면 여러 가지 그림을 새로 그려줍니다. 먼저 마음에 드는 이미지를 선택하고 추가로 수정 요청도 가능합니다. 직접 수정할 수 있는 편집 도구도 제공되어 배경부터 다양한 시각적 효과까지

AI 시대 미디어 문해력

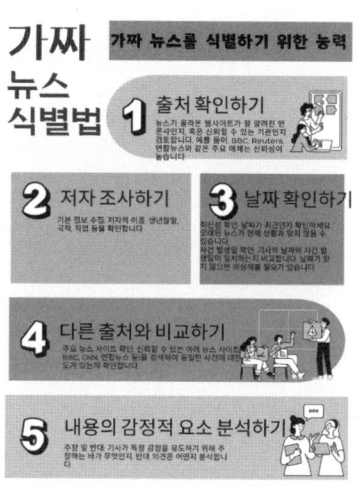

A 학생 작품   B 학생 작품

AI 제작 이미지

제4장 창의적으로 미디어 활용하기

수정할 수 있어요.

내가 만든 이미지와 파워포인트 자료에 애니메이션 효과를 추가하면 간단한 동영상 제작도 가능합니다. 이미 만들어진 동영상에 이미지와 텍스트만 수정해도 그럴듯한 영상이 만들어지니 유용하게 활용할 수 있어요.

💠 Suno AI로 나만의 음악 만들기

얼마 전 한 지방 교육청이 '글로컬 미래 교육 박람회'에서 사용할 주제가를 공모하는 행사를 열었어요. 총 응모작 12곡 가운데, 초등학교 교사가 만든 희망찬 가사의 노래를 주제가로 선정했습니다. 알고 보니 이 노래는 AI 서비스에 계속 명령하고 수정하여 만든 작품이었습니다.

유명 작곡가가 심사위원으로 참여했는데, 이 사실을 알고 나서 놀랐다고 해요. 전혀 알지 못했고, 작품성도 갖추고 있었다고요. 애초에 AI를 사용하지 말라는 공지가 없었기 때문에 수상작으로 인정하기로 했습니다. AI가 만든 음악의 공모전 수상 사실은 큰 화제가 되었습니다.

시간이 흐르고 지금은 'AI 음악 창작 공모전'이 따로 열릴 정도로 활성화되었어요. AI를 활용한 음원으로 이익을 얻고 있는 청소년도 많아지고 있습니다. AI의 도움을 받으면서도 본인이 의도한 음악, 기획한 음악을 위해 지속적으로 피드백하는 과정이 소중해요.

Suno AI는 누구나 쉽게 AI의 도움을 받아 노래를 만들 수 있는 플랫폼이에요. 만들고 싶은 노래에 대한 아이디어를 제공하면 가사도 만들어 줍니다. 마음에 들지 않으면 다시 생성도 가능하며 직접 수정과 보완이 가능합니다. 음악 스타일, 보컬의 성별, 악기 등도 설정할 수 있습니다.

학생들과 미디어를 주제로 다양한 노래를 만들어보았어요. 같은 '가짜뉴스'를 주제로 노래를 제작해도 느낌이 모두 달랐어요. 기획자의 의도가 반영되었기 때문이죠. 배운 내용 중 어떤 내용을 강조할 것인지, 어떤 스타일로 전달할 것인지 고민한 결과물이에요. 마음에 드는 결과물이 나올 때까지 계속 수정하고 다시 만듭니다.

A 학생은 Pop 스타일로 경쾌하게 '가짜뉴스는 안 돼!'라는 노래를 만들었어요. 가사를 통해 다정하게 팩트체크를 권하고 있습니다.

"진실을 찾아봐. 헛소문은 그만해. 누가 말하든지 내 눈으로 봐야 해. (…)

가짜뉴스는 안 돼. 진짜 소식만 필요해. 세상을 좀 더 밝혀봐. 우리를 속이지 마.

(⋯) 직접 확인 중요해. 모두 함께 알아가. 사실 찾아 떠나요."

반면에 B 학생은 metal, rock 스타일로 강렬한 사운드의 '가짜뉴스 퇴치' 노래를 만들었어요. 가사도 혼돈의 세상에 대한 걱정을 담고 있어요.

"진실과 거짓 혼란해. 어디서 진짜 찾나요. 누구의 말 믿어야 해. 우리는 혼돈 속에. (⋯) 가짜뉴스 물러가라! 진실만이 승리한다! 눈 크게 뜨고 귀 기울여 거짓을 물리치자!"

또, C 학생은 hip-hop 스타일로 '가짜 뉴스'라는 노래를 만들었어요. 힙합의 매력인 빠른 리듬과 라임을 잘 살린 곡이었어요. 박자감 있는 가사가 흥미로웠습니다.

"누가 말해 진실인지 감춰진 거짓말 / 화면 속에 울려 퍼지네 계속되는 말 거짓말아, 날 떠나가라 / 진실만이 내게 와라. / 가짜뉴스 없어져라."

마지막으로 소개하고 싶은 노래는 '미디어와 나'라는 노래입

AI 시대 미디어 문해력

니다. 학생이 고민하는 SNS의 문제를 솔직하게 담은 가사가 매력적이에요. AI가 만드는 가사에 의존하지 않고 자기 생각을 충실히 담아서 더 칭찬해 주고 싶은 노래입니다.

"빛나는 화면 속에 나의 얼굴 보이네. SNS의 댓글들 내게 쏟아지는 눈. 때론 좋은 말도 많지만, 상처 주는 말도 많아. 미디어와 나, 서로 이끌리는 사이. 미디어와 나, 진짜 나를 찾고 싶어. 모두가 보는 나. 진짜 내가 아냐. 거울 속의 나만이 내 진심 알겠지."

◆ VREW로 영상 제작하기

텍스트 언어보다 이미지 언어, 영상 언어가 더 주목받는 시대에 영상을 제작하는 능력은 중요한 표현 능력입니다. 촬영과 섬세한 편집도 기술의 발달로 점점 더 편리해지고 있어요. 별도의 편집 프로그램을 사용하지 않아도 SNS 플랫폼에서 바로 촬영-편집-업로드까지 가능한 시대입니다.

이번에는 VREW 프로그램을 활용해 촬영 없이 다양한 방식으로 영상을 편집하고 제작하는 방법을 알아볼게요. 이미 촬영한 영상이 있으면 업로드 후 편집과 자막 생성도 가능해요. 이번에는 기존 영상 없이 제작하는 방법을 살펴볼게요.

VREW 프로그램의 '새로 만들기'에는 여러 카테고리가 있습니다. 텍스트로 비디오 만들기, 영상 및 음성 파일로 시작하기, 녹화 및 녹음으로 시작하기, PDF로 비디오 만들기 등 다양해요. 업데이트가 되면 또 달라질 수 있지만, 기본 형식은 비슷합니다. 유료 계정과 무료 계정의 기능 차이가 있지만, 이 책에서는 무료 기능 중심으로 안내할게요.

대표적으로 '텍스트로 비디오 만들기'를 추천합니다. 얼굴 노출이나 목소리 녹음이 번거로운 학생들도 참여하기 편한 방법이에요. 미리 써 놓은 글만 있으면 손쉽게 영상을 만들 수 있어요.

기본 스타일에서 '주제'를 설정합니다. 우선 앞에서 공부한 '가짜뉴스 예방하는 방법'으로 정해요. 주제가 고르기 힘들면 아래에서 추천 주제도 제시하니 참고할 수 있어요. 그리고 주제와 관련된 글(대본)도 필요합니다. 유료 버전은 AI에게 요청할 수 있지만, 결국 제작자가 다시 검토해야 합니다. 그래서 미리 검증된 텍스트를 준비하는 것이 좋아요.

[주제] 가짜뉴스를 예방하는 방법

[대본] 가짜뉴스를 예방하는 방법에 대해 알아보겠습니다.

첫째, 해당 정보에 대한 출처를 확인합니다.

AI 시대 미디어 문해력

둘째, 다른 뉴스를 교차 검증합니다.

셋째, 기사의 댓글들을 확인합니다.

넷째, 누군가의 이익과 관련 있는지 생각합니다.

다섯째, 공유하거나 전할 때 주의합니다.

이제 이 텍스트에 맞는 영상이 만들어집니다. 그리고 자막부터 이미지, 애니메이션 효과까지 편집할 수 있어요. AI가 관련 이미지를 생성해 주기도 하고, 본인이 가지고 있는 다른 이미지를 활용해도 됩니다. 이렇게 만든 한 학생의 가짜뉴스 예방 영상의 일부 장면을 함께 볼게요.

이런 방식으로 요즘 SNS에서 많이 볼 수 있는 숏폼 콘텐츠들을 쉽게 만들 수 있어요. 음성 파일이나 PDF 속 텍스트를 활용해도 됩니다. '고급 설정'은 섬세한 피드백도 가능해요.

하지만, 쉽다고 해서 아무렇게나 만들면 안 돼요. 내용에 대한 검증, 이미지와 텍스트의 관련성을 점검하는 것은 제작자의 책임이에요. AI에 과하게 의존하지 않고, 항상 최종 판단을 직접하는 습관을 지녀야 합니다.

◈ 뤼튼으로 글쓰기

AI가 쓴 책이 화제가 된 적이 있어요. 저자의 이름에 떡하니 'ChatGPT'라고 적혀 있었습니다. 내용 기획을 출판사에서 조금 돕긴 했지만, 글쓰기부터 편집 및 교정까지 AI가 주로 했다고 해요. 정보를 전달하는 책 이외에 소설을 쓴 AI도 종종 볼 수 있습니다. 사람의 도움을 받긴 하지만, 저자 이름에 당당하게 들어가 있어요. 흥미로운 세상에서 AI에게 주도권을 빼앗기지 않고 글쓰는 방법을 알아볼게요. 'ChatGPT'는 모두에게 익숙한 만능 플랫폼이 되었으니 또 다른 AI 플랫폼을 소개하겠습니다.

뤼튼은 글쓰기에 특화된 인공지능 플랫폼이에요. 국내 최초의 AI 에이전트라는 타이틀답게 한국어 인식과 표현이 자연스러워요. '한국어 잘하는 AI, 한국말 잘 통하는 AI'가 홍보 문구이기도 했어요. 글쓰기에 특화된 만큼 다양한 도구(기능)가 준비되어 있습니다. SNS 게시물이나 독후감, 리포트, 자기소개서, 기사, 상품 리뷰, 발표 대본, 영상 시나리오 등등.

하지만 AI는 항상 도구로 활용해야 한다는 사실을 명심해야 합니다. 그렇지 않으면 결과에 과의존하게 되고 글쓰기 과정에서 본인이 소외되고 말아요. 내가 쓴 글인데도, 내가 쏙 빠진 글이 되는 겁니다.

예를 들어, 뤼튼에 '독후감' 도구가 있어요. 그 도구에 책 제목과 저자의 이름만 넣으면 10초 만에 독후감을 생성합니다. 제가 쓴 〈도파민 인류를 위한 대화의 감각〉 책을 입력해 보았더니 독후감 하나가 뚝딱 나왔습니다. 저자가 '대화의 맥락'을 중요하게 생각한다는 점, 상대방의 말을 '경청'하라는 메시지도 잘 담겨 있어요. 겉보기에는 내용이 그럴듯해요.

책을 읽지 않았는데도 읽은 것과 같은 느낌을 주는 글이 나왔어요. 어떻게 그럴 수 있을까요? 생각해 보면, 이런 핵심 내용은 온라인 서점 책 소개란에 다 나와 있습니다. 출판사와 제가 친절하게 요약한 내용들이 있으니 참고할 수 있어요. 그 외에 인기 많은 책은 수많은 리뷰가 쌓여 있으니 이를 조합하면 이 정도 독후감은 충분히 만들수 있어요.

그래서 과제에 AI 도구를 활용하는 학생이 점점 많아지고 있지만, 그만큼이나 AI 도구 활용을 걱정하고 경계하는 목소리도 높아집니다. 심지어는 AI를 활용했는지 찾아내기 위한 검사 시스템도 있죠. 또 탐지에 걸리지 않으려는 방법도 온라인에 공유하면서 창과 방패의 싸움이 진행 중이에요.

기능적으로 AI를 활용했느냐 아니냐, 얼마나 활용했느냐보다 중요한 점은 글과 글쓴이의 관계입니다. 글은 나를 표현하는 도구라는 사실을 잊으면 안 돼요. 글쓴이가 글에서 소외당하지 않도록 과정을 함께 공유할 수 있어야 해요. 뻔한 내용은 AI의 도움을 받더라도 뻔하지 않은 나만의 생각과 경험, 의도를 담을 수 있어야 해요. 결국 AI는 글쓰기를 하는 데 도움을 주는 친구의 역할입니다. 내 일을 대신 시키는 비서가 아니고요. 이렇게 현명하게 단계적으로 활용하는 법을 알아보겠습니다.

글쓰기 전 단계

처음에는 무엇을 써야 할지 막막합니다. 그럴 때 AI와의 대화를 통해 글의 주제와 글감을 정하는 데 도움을 받습니다. 예를 들어, "청소년의 꿈과 진로에 관한 에세이를 써야 하는데, 쓸만한 주제 추천해 줘."라고 물으면 여러 가지 답변을 해줍니다.

① 나의 꿈, 어디에서 시작되었을까?: 꿈의 변천사, 과거의 영향
② 내가 좋아하는 것들이 진로가 될 수 있을까?: 나의 현재 흥미와 적성
③ 미래의 나에게 보내는 편지: 지금 불안한 마음을 담은 솔직한 편지

④ 직업 에세이를 읽고 탐색하는 과정: 진로 관련 글을 읽고 구체화하기

여기서 4번이 마음에 들었다면 좀 더 깊게 추가 질문을 해도 됩니다. '나는 기자 직업에 관심 있는데, 에세이 추천해 줘.'라고 할 수 있죠. 이런 식으로 글쓰기 전 단계에서 AI와의 대화를 통해 막막함을 해소할 수 있어요.

목차가 필요한 글에서는 함께 목차를 만들 수도 있습니다. 그럼, AI가 서론, 본론, 결론에 들어갈 내용을 추천해 주고, 이를 참고할 수 있어요. 또 '진로 에세이에 꼭 포함해야 할 내용은 무엇일까?' 등을 물으면서 구조를 더 탄탄하게 설계할 수 있어요. 물론 글쓰기 전 단계이니, 작성하면서 유연하게 수정할 수 있습니다.

글쓰기 중 단계

글을 쓰면서 모르는 부분이 있을 때, 검색을 포함하여 뤼튼과 상호작용하며 내용을 보충할 수 있습니다. 또 글의 방향을 잡고 구조를 정하는 데 도움을 받을 수 있어요. 예를 들어, 진로 에세이를 쓰는데 해당 진로에 대한 정보가 부족할 수 있어요. 그럴 때 '기자가 되려면 어떤 방법이 있어?'라고 AI에게 물으면 관련 대학교 전공부터 시험 준비, 필요한 능력 등을 알려줍니다. '언론고시'라는 말을 처음 듣고 충격을 받을 수도 있어요. 이런 내

용을 참고해서 글을 보완합니다.

추가로 궁금증이 생겨서 '기자도 종류가 다양한데, 어떤 종류가 있는지 알려줘!'라고 뤼튼에 물으면 신문 기자, 방송 기자, 인터넷 기자, 편집 기자 등 다양한 분야로 구분해서 알려줍니다. 방송 스튜디오에서 말하는 기자, 취재하고 발로 뛰는 기자, 글을 쓰는 기자 등등 좀 더 구체화한 진로를 이해할 수 있어요. 뤼튼과의 상호작용으로 구체적인 내용을 글에 반영할 수 있겠죠. 글과 관련된 정보가 풍부할수록 더 알찬 글이 됩니다. 이를 그대로 나열하지 않고 자신의 경험을 담아 잘 전달하는 것이 중요해요.

앞에서 SNS와 개인 방송에 관해서 설명할 때, 한 학생이 유튜브도 SNS에 포함되지 않냐고 질문했었죠. 그렇게 글을 쓰다 궁금한 내용, 필요한 정보도 뤼튼에 물어볼 수 있어요. 깔끔하게 대답이 나왔습니다.

결론부터 말씀드리자면 유튜브는 SNS라고 할 수 있습니다.

SNS는 '특정한 관심이나 활동을 공유하는 사람들 사이의 관계망을 구축해 주는 온라인 서비스'를 말합니다. 또한, 개별 사용자의 프로필과 창작 콘텐츠를 통해 쌍방향으로 공유하는 기능을 갖춘 서비스를 통칭하기도 합니다.

유튜브는 이러한 SNS의 핵심 특징을 많이 가지고 있습니다:

AI 시대 미디어 문해력

콘텐츠 공유 및 소통: (생략)

관계망 형성: (생략)

개인 프로필: (생략)

물론, 유튜브는 동영상 검색이라는 측면에서 검색 엔진의 역할을 수행합니다. 위에서 말씀드린 것처럼 사회적 상호작용과 관계 형성에 중점을 둔 기능들이 많아서 SNS의 범주에 포함된다고 볼 수 있습니다.

뤼튼에 묻고, 제미나이에 묻고, ChatGPT에 물어서 교차 검색까지 했습니다. 그럼 더 믿을만한 글쓰기 자료를 얻게 된 셈이죠. 이렇게 협력의 관계로 활용할 수 있습니다.

글쓰기 후 단계

처음 쓴 글은 모두 아쉬운 점이 있기 마련입니다. 이 글을 다시 읽어 보고 수정하며 보완하는 고쳐쓰기 작업이 중요해요. 이때 뤼튼의 첨삭과 피드백을 받을 수 있어요.

우선 스스로 다시 읽어 보면서 전달하고 싶은 메시지가 명확히 드러나는지 확인합니다. 그리고 아쉬운 점이 있다면 어떻게 보완할 수 있는지 물어봅니다.

예를 들어, '기자와 아나운서의 개념이 섞여 있는 것 같은데, 둘의 차이를 명확히 알고 싶어.'라는 질문으로 얻은 정보를 통해 글을 더 정교하게 다듬을 수 있어요.

또 문장을 다듬어 달라고 요청할 수 있습니다.

기본 맞춤법 검사, 잘못된 문장 고치기를 한 번에 할 수 있습니다. 글 전체를 다 수정하면 이전과 이후 비교하기가 힘드니, 문단별로 요청합니다.

예를 들어, 처음에 쓴 문장을 뤼튼에 다듬어 달라고 요청했어요.

(처음) 우선 스스로 다시 읽으면서 전달하고 싶은 메시지가 잘 전달이 되었는지 확인합니다. 그리고 아쉬운 점이 있다면 어떻게 보완할 수 있는지 물어봅니다.

뤼튼이 제시한 주요 수정 내용은 아래와 같아요.

① '전달하고 하는 메시지가 전달되었는지 확인합니다'를 '전달하고자 하는 메시지가 명확히 드러나는지 확인합니다'로 바꾸어 의미를 더 명확히 했습니다.

② '물어봅니다'를 '질문합니다'로 바꾸어 좀 더 정중한 표현으로 다듬었습니다.

③ '섞여 있는 것'을 '혼재된 것'으로 바꾸어 더 정중한 표현으로 다듬었습니다.

④ '정교하게 수정할 수 있어요' 대신 '정교하게 다듬을 수 있습니다'를 사용하여 표현의 폭을 넓혔습니다.

AI 시대 미디어 문해력

중요한 건 수정 내용을 다시 한번 검토하는 겁니다. AI의 제안을 무작정 받아들이면 안 됩니다. 나의 의도가 벗어날 수도 있고, 문체가 달라질 수도 있기 때문이에요.

① 전체 문장에서 '전달'이 두 번 반복되기 때문에, 뤼튼의 제안을 반영합니다.
② 정중한 표현도 좋으니, 뤼튼의 제안을 반영합니다.
③ 어려운 한자어를 쓰지 않는 것이 목표이기 때문에 뤼튼의 제안을 반영하지 않습니다.
④ 순화한 표현도 좋으니, 뤼튼의 제안을 반영합니다.

글을 쉽고 편하게 쓰기 위해 AI를 활용하는 것이 아니라 더 잘 쓰기 위해서 AI를 활용한다는 마음가짐이 필요해요.

쉽고 편한 글은 뻔한 글이고, 누구나 쓸 수 있는 글이 됩니다. AI의 도움 속에서 나만의 생각과 경험을 담은 매력적인 글을 써야 해요. AI와 협력해서 나만의 개성과 생각이 담긴 글을 쓰는 연습이 중요합니다.

AI 콘텐츠, 저작권 문제는 없을까?

인공지능은 다양한 유행을 불러옵니다. 대표적으로 기존 사진을 멋진 애니메이션 그림체로 뚝딱 바꿔주는 기술이 유행했어요. 하지만, 이 그림체의 주인공이라고 할 수 있는 미야자키 하야오는 기존 AI 애니메이션에 대해 '생명 자체에 대한 모욕이다.', '내 작업에 쓰고 싶지 않다'라고 밝히기도 했어요.

이 작가님은 이런 트렌드를 어떻게 바라볼까요? 이 외에도 수많은 언론사, 사진 업체, 그림 작가, 음악 협회 등이 AI가 무단으로 학습한 자료에 대해 저작권 침해 소송을 진행 중이에요.

여러분이 AI로 만든 콘텐츠의 저작권은 누구의 것일까요?

원작자의 것이다	VS	사용자의 것이다

AI는 결국 누군가의 데이터를 학습해서 결과물을 만들기 때문에 이전 학습한 데이터에 대한 가치를 인정해 주어야 한다.

하늘 아래 새로운 것이 없다고 하듯이 모두 서로에게 영향을 받는다. 기존 데이터도 AI가 참고한 자료 중 하나이다. 결국, 그 결과물을 구성한 사용자의 것이다.

의도적인 모방은 저작권 침해가 분명하므로 강력하게 규제해야 한다. 창작 생태계를 어지럽힌다.

강력한 규제는 AI 기술 발전에 걸림돌이 될 수 있다. 이제 원작자도 AI를 활용해서 창작활동을 할 것이기 때문에 인정하는 방향으로 나아가야 한다.

기존 원작자의 노력이 제대로 인정받을 수 있도록 AI가 학습한 참고문헌을 투명하게 남기고, 수익을 공유하는 시스템이 필요하다.

화풍이나 스타일을 모방할 수는 있지만 결과물은 새롭게 생성된 것이다. 참고문헌은 담을 수 있지만 저작권은 사용자의 것이다.

기존 인터넷 시대에도 저작권 문제는 있었지만, 상업적 활용은 엄격하게 다루었다. AI 결과물의 상업적 활용은 막아야 한다.

인공지능 시대에 적합한 새로운 법과 제도를 만들어야 한다. 적어도 유료 플랫폼 사용자는 상업적 활용도 가능하게 해야 한다.

어떻게 생각하나요?

어떻게 생각하나요?

어차피 AI가 다 하면 우리는 뭘 하나요?

최근 청소년을 대상으로 한 미디어 문해력 특강의 주제는 'AI 시대, 새로운 기회와 가능성'이었습니다. 강의가 끝나고 한 학생이 의기소침한 목소리로 질문했어요.

"어차피 AI가 다 하면… 우리는 뭘 하나요? 뭘 해도 대체될 것 같아서 의욕이 안 생겨요."

우선 이런 질문에 대해 자주 인용되는 대답이 있어요.

"AI가 당신을 대체하는 것이 아니라, AI를 활용하는 사람이 당신을 대체하는 것이다."

AI 자체를 부정적인 대상으로 바라볼 필요는 없습니다. 내 밥그릇을 빼앗는 대상이 아니라 새로운 시장을 열어주는 대상이라고 생각하세요. 그 대상을 어떻게 대할지는 우리가 정할 수 있어요. 마음가짐과 태도의 차이입니다.

이러한 시대 변화가 불안해서 눈앞에 닥친 공부에 더 몰입하는 친구도 있어요. 불안하므로 현실을 외면하고 익숙한 분야에 집중하는 모습이죠. 공부를 열심히 하는 것은 좋지만, 세상을 외면하는 도피처로 공부를 택하는 것은 안타까운 일이에요. 그렇게 매달리는 공부와 성적은 과도한 스트레스를 유발하기도 합니다.

세상을 두려워하지 말고 직접 바라보세요. 여러분이 공부를 열심히 하는 이유도 세상에서 잘 살아가기 위함이에요. 그런데 세상을 모르는 체하는 공부가 얼마나 오래갈 수 있을까요?

저는 안테나를 바짝 세우라는 이야기를 자주 합니다. 시야를 넓히고, 세상에 관심을 두고, 목적이 생겼을 때 더 효율적인 공부도 가능해요. 학교를 넘어 인생 공부를 모두 포함해서 말이에요.

디지털 이야기를 하면 '저는 수학을 못 해서…', '문과라서…' 이렇게 위축되는 학생이 있어요. 새로운 AI 도구의 장점은 접근성이에요.

전문가가 아닌 사람도 쉽게 접근해서 활용할 수 있다는 의미입니다. 배우겠다는 마음만 있으면 누구나 어렵지 않게 학습할 수 있는 세상이니 미리 겁먹을 필요 없어요. 저 또한 축구를 좋아하는 문학 소년이었는데, 지금은 생각지도 못한 삶을 살고 있답니다.

평생학습 시대, 인공지능 시대, 문해력이 있다면 세상은 무한한 가능성의 공간이라는 것을 기억해 주세요.

2025년 10월에
지은이 이승화 드림

참고문헌

• 강석, 《커뮤니케이션과 자본》, 커뮤니케이션북스, 2016.

• 강용철, 정형근 《미디어 리터러시, 세상을 읽는 힘》, 샘터, 2022.

• 김기란 · 최기호, 《대중문화 사전》, 현실문화연구, 2009.

• 김기홍 · 김신엽 외 8명, 《문화콘텐츠와 트랜스미디어》, HUINE, 2016.

• 김경희 외 5명, 《디지털 미디어 리터러시》, 한울아카데미, 2018.

• 김광희 외 4명, 《미디어 리터러시 수업》, 휴머니스트, 2019.

• 김명락, 《청소년을 위한 이것이 인공지능이다》, 슬로디미디어, 2022.

• 김명희 · 이형식, 《문학 텍스트에서 영화 텍스트로》, 동인, 2004.

• 김송규, 《인공지능은 생각하지 않는다》, 좋은습관연구소, 2025.

• 김아미, 《미디어 리터러시 교육의 이해》, 커뮤니케이션북스, 2015.

• 김성우, 《인공지능은 나의 읽기 쓰기를 어떻게 바꿀까?》, 유유, 2024.

• 김성우 · 엄기호, 《유튜브는 책을 집어삼킬 것인가?》, 따비, 2020.

• 김효원, 《자기 조절》, 웨일북, 2025.

• 권혜령 외 5명, 《슬기로운 미디어 생활》, 우리학교, 2018.

• 데이비드 버킹엄, 조연하 외 8명 김, 《미디어 교육 선언》, 학이시습, 2019.

• 류희림, 《가짜 뉴스 시대에서 살아남기》, 글로세움, 2018.

- 리 매킨타이어, 김재경 옮김《포스트트루스》, 두리반, 2019.
- 박상길,《비전공자도 이해할 수 있는 AI 지식》, 비즈니스북스, 2024.
- 박상길,《비전공자도 이해할 수 있는 챗GPT》, 비즈니스북스, 2025.
- 배상준,《미장센》, 커뮤니케이션북스, 2016.
- 배상준,《영화 예술학 입문》, 성신여자대학교 출판부, 2009.
- 안창현 · 유제상 외 3명,《새로운 문화콘텐츠학》, 커뮤니케이션북스, 2017.
- 유승호,《당신은 소셜한가?》, 삼성경제연구소, 2012.
- 이경혁,《게임, 세상을 보는 또 하나의 창》, 로고폴리스, 2016.
- 이대현,《소설 속 영화, 영화 속 소설》, 다할미디어, 2016.
- 이시한,《GPT 제너레이션》, 북모먼트, 2023.
- 이지은,《퍼스널 브랜딩》, 에소프레소북, 2018.
- 전보라,《AI 시대 문해력 도구 30》, 학교도서관저널, 2025
- 정유리,《AI 시대, 어린이를 위한 질문의 힘과 AI 리터러시》, 팜파스, 2023
- 최재붕,《AI 사피엔스》, 쌤앤파커스, 2024.
- 한철우,《거시적 독서 지도》, 역락, 2011.
- 한국교육심리학회,《교육심리학 용어사전》, 학지사, 2000.
- 한스 로슬링, 이창신 옮김,《팩트풀니스》, 김영사, 2019.
- 황치성,《미디어 리터러시와 비판적 사고》, 교육과학사, 2018.

• 기억해야 할 내용 •

세상의 변화를 읽고 현명하게 적응하는 힘
AI시대 미디어 문해력

초판 1판 1쇄 발행 | 2025년 10월 2일

지은이 | 이승화
펴낸이 | 김경배
펴낸곳 | 시간여행
디자인 | 디자인[연:우]
등   록 | 제313-210-125호 (2010년 4월 28일)
주   소 | 경기도 고양시 덕양구 지도로 84, 5층 506호(토당동, 영빌딩)
전   화 | 070-4350-2269
이메일 | jisubala@hanmail.net

종   이 | 화인페이퍼
인   쇄 | 한영문화사

ISBN 979-11-90301-37-4 (43300)